Über die Autorinnen:

Anna Maria Scarfò ist heute vierundzwanzig Jahre alt. Seit Erscheinen ihres Buches in Italien steht sie unter Polizeischutz, doch die Repressalien der verurteilten Täter und ihrer Angehörigen machten ihre Teilnahme am Zeugenschutzprogramm erforderlich; sie lebt inkognito an einem unbekannten Ort in Italien. Dieses Buch erzählt ihre Vergangenheit. Ihre Zukunft muss zum Glück erst noch geschrieben werden.

Co-Autorin *Cristina Zagaria*, 34, arbeitet als Journalistin für die Tageszeitung Republica und hat schon mehrere Bücher verfasst. Seit 2007 lebt und arbeitet sie als Journalistin in Neapel und berichtet hauptsächlich über Verbrechen und Prozesse.

Anna Maria Scarfò
mit Christina Zagaria

Sommer des Schweigens

Ich war in der Gewalt dreier Männer.
Und ein ganzes Dorf sah zu

Aus dem Italienischen von
Barbara Neeb und Katharina Schmidt

BASTEI LÜBBE TASCHENBUCH
Band 60686

1. Auflage: September 2012

Bastei Lübbe Taschenbuch in der Bastei Lübbe GmbH & Co. KG

Für die Originalausgabe:
*Malanova. La ragazza del sud che ha avuto il coraggio di denunciare
un intero paese*
Copyright © 2010 by Sperling & Kupfer Editori S.p.A.
Published by arrangement with Grandi & Associati, Milano

Für die deutschsprachige Ausgabe:
Copyright © 2012 by Bastei Lübbe GmbH & Co. KG, Köln
Textredaktion: Dr. Ulrike Strerath-Bolz, Friedberg
Titelbild: © shutterstock/Zurijeta
Umschlaggestaltung: Manuela Städele
Satz: hanseatensatz-bremen, Bremen
Gesetzt aus der Stempel Garamond
Druck und Verarbeitung: CPI- Ebner & Spiegel, Ulm
Printed in Germany
ISBN 978-3-404-60686-3

Sie finden uns im Internet unter
www.luebbe.de
Bitte beachten Sie auch: www.lesejury.de

Der Preis dieses Bandes versteht sich einschließlich
der gesetzlichen Mehrwertsteuer.

*D*och wo war dieser Punkt, wo man nicht mehr konnte? Er verlagerte ihn immer weiter nach vorne, wie ein Ziel des Willens, der mit dem Schmerz um die Wette läuft.

Leonardo Sciascia

Prolog

Der Himmel schweigt. Die Erde klagt an. Die niedrigen Häuser im Dorf drängen sich eng aneinander, und die Stimmen hallen zwischen ihren Mauern und den Dachziegeln wider. Sie verstärken einander. Gleich darauf zersplittern sie und schlüpfen unter der Tür durch. Einzeln. Und doch vereint. Zitternd sagen sie: »Hau ab.«

Die Drohungen legen die Grenze fest. Sie erfüllen die Straßen wie ein Wind. Dort ist kein Platz mehr. Kein Entkommen. Sie sind dort.

Schreien: »Du Hure.«

Anna hält sich die Ohren zu.

»Das ist nicht wahr!«, schreit sie zurück.

»Du Hure.« Der Schrei des Windes übertönt sie.

Diese Augen hinter den Fensterläden. Diese drei Männer dort auf dem Platz unter dem Vordach. Die Frau auf den Stufen zur Kirche. Der Lastwagenfahrer neben der Madonnenstatue. Dieses Mädchen am Brunnen. Der Pfarrer. Die Nachbarn. Die Fahrgäste in den Triebwagen auf der Eisenbahnstrecke zwischen Kalabrien und Lukanien. Der Christus am Ortseingang.

»Du Hure.«

Nachts klingelt das Telefon. Ein Auto hält unter den Fenstern. Türen, die sich schließen.

Mütter, Ehefrauen, Schwestern: Sie sind die Richter. Die Männer lachen.

Und das Dorf sagt: »Es ist alles deine Schuld.«

Das ist das Urteil.

»Es ist alles deine Schuld, verschwinde.«

»Ich habe nichts getan. Ihr müsst mich anhören.«

»Hau ab, du Hure.«

Frühling 2010 in San Martino di Taurianova, Kalabrien. Hier beginnt die Geschichte von Anna Maria Scarfò. Heute ist sie vierundzwanzig Jahre alt und lebt unter Polizeischutz.

Ich

*I*n meinem Zimmer stehen zwei schmale Betten, eins für mich und eins für meine Schwester. Außer den Betten gibt es nur noch einen Schrank, ein Mini-Fernseher und eine Stereo-anlage stehen auf einem kleinen Regal, weil hier kein Platz für weitere Möbel ist. Fotos von uns hängen an der Wand.

Ein winziger Raum. Außerdem gibt es in der Wohnung noch eine Küche und das Zimmer meiner Eltern.

Meine Mutter heißt Aurora. Sie geht in den Wohnun-gen anderer Leute putzen. Dafür bekommt sie fünf Euro die Stunde. Mein Vater arbeitet auf dem Land, er erntet in Ro-sarno Orangen. Und wenn es keine Orangen zu ernten gibt, repariert er Autos, aber schwarz, das heißt er hat keine eigene Werkstatt, und der Kunde bezahlt ihn bar auf die Hand.

Wenn mein Vater auf den Feldern arbeitet, steht er um fünf Uhr morgens auf. Und wir alle, meine Mutter und ich, stehen mit ihm auf, aus Respekt.

Wir wohnen in einer Sozialwohnung.

Die Dusche im Bad ist mitten an der Wand gegenüber der Tür angebracht, der Boden ist ein wenig geneigt, damit das Wasser abfließen kann. Wenn man sich wäscht, wird al-les nass, denn es gibt weder einen Vorhang noch eine Wand. Also musst du, wenn du dich gewaschen hast und noch nach Duschgel und Shampoo duftest, das Bad trocken wischen –

und schon schwitzt du wieder. Aber meine Mutter ist nun mal auf Sauberkeit fixiert. Wenn auf den Kacheln Tropfen zurückbleiben, die dann Kalkflecken bilden, schreit sie immer.

Das ist also mein Zuhause. Küche, zwei Zimmer, ein kleines Bad und ein Fenster, das in meinem Zimmer, das ich aber nicht öffnen kann.

Selbst wenn ich hin und her laufen wollte, um meine Gedanken und meine Angst unter Kontrolle zu halten, ich könnte es nicht. Dafür ist kein Platz. Deshalb bleiben meine Gedanken immer hier, mit der Angst, treten auf der Stelle, jetzt, wo ich das Haus nicht mehr verlassen kann.

Früher habe ich immer gebetet. Aber jetzt kann ich nicht einmal mehr beten.

Sonntag ist Wahl, aber ich werde nicht hingehen. Ich werde nicht einmal für den Segen zu Palmsonntag in die Kirche gehen. Ich kaufe nicht ein. Ich gehe nicht ans Meer. Ich habe keine Bedürfnisse mehr. Ich weiß nur eins: Ich will nicht davonlaufen. Ich trage keine Schuld. Und da ich nicht weiß, wo ich sonst hingehen sollte, entscheide ich mich zu bleiben.

Jetzt habe ich viel Zeit in dieser Wohnung. Ich habe keine Eile. Kein Ziel. Gar nichts. Außer meiner Vergangenheit.

Sie werden sich sicherlich fragen, warum ich die Wohnung nicht verlassen kann. Das könnten Sie nicht verstehen, selbst wenn ich versuchte, es Ihnen zu erklären. Geschichten wie meine kann man nicht vom Ende her erzählen. Aber ich kann berichten, wie ich so weit gekommen bin. Ich habe ja Zeit. Viel Zeit.

Ich kann meine Geschichte von Anfang an erzählen, als ich

noch ein kleines Mädchen war und alle mich nur »Püppchen« nannten. Jeder nannte mich so, meine Mutter, die Verwandten und sogar die Leute in der Kirche. Ich hatte Grübchen in den Wangen und lachende Augen. Mit den Sommersprossen auf der Nase und dem süßen, leicht schmollenden Gesichtsausdruck sehe ich aus wie eine Puppe. Mitten auf der linken Wange habe ich einen Leberfleck. Meine Haare sind lang und schwarz und glänzen. Und außerdem bin ich klein. Ein Meter, ein Meter fünfzig. So klein wie eine Puppe.

»Annarella, du bist so hübsch wie eine Puppe«, sagten mir alle. Und ich habe ihnen geglaubt.

Dies ist die Geschichte einer dreizehnjährigen Hure. Meine Geschichte. Es ist nicht leicht, sie aufzuschreiben. Und genauso wenig wird es leicht sein, sie zu lesen. Entscheiden Sie jetzt, ob Sie alles erfahren wollen. Doch wenn Sie einmal damit anfangen, dann haben Sie auch den Mut und lesen Sie sie ganz zu Ende, so wie ich den Mut hatte, alles zu durchleben, wovon ich Ihnen erzählen werde.

Ich beginne am Anfang. Als alle mich noch »Püppchen« nannten.

Das Dorf

»Du Hure. Dreckige Schlampe.«

Der Aufschrei einer Frau und quietschende Reifen. Das Auto wendet. Es fährt zurück unter die Fenster des Sozialbaus, und die Frau schreit wieder. Noch lauter. Sie zieht die Konsonanten in die Länge.

»Scheißßßßnutttte.«

Anna ist im Haus. Sie schließt knallend die Fensterläden.

»Dreckige Schlampe!«

Das Auto fährt mit quietschenden Reifen auf der menschenleeren Straße davon. Es ist drei Uhr nachmittags. Ein kühler Wind kündigt den nahenden Abend an. Aus dem Inneren des Hauses hört man keine Antwort, keine Reaktion. Keine Geräusche. Nicht einmal einen Atemzug.

»Dreckige Schlampe«, schreit die Frau. Und das Echo antwortet: »Einmal Hure, immer Hure.«

Violette Wolken drücken auf die mit Früchten reich beladenen Zweige der Mandarinenbäume, die hinter dem Haus mit den verrammelten Fenstern stehen.

Das Auto fährt weg. In der Luft mischt sich der Geruch nach verbranntem Olivenholz mit dem von Zitrusfrüchten.

Der Winter geht zu Ende.

Die Torte

*I*ch mag Torte, und zwar mit viel süßer Schlagsahne und jeder Menge roten Erdbeeren drauf. Und herzförmig muss sie sein.

Mit der Torte zu meinem dreizehnten Geburtstag hat alles angefangen.

Ich heiße Anna Maria Scarfò und lebe in San Martino di Taurianova. Ich bin in Kalabrien geboren, aufgewachsen und habe immer hier gelebt.

Ich kann mir keinen anderen Ort zum Leben oder zum Sterben vorstellen.

San Martino ist ein hässliches Dorf, sagt meine Schwester immer. Aber ich mag es. Hier gibt es niedrige Häuser und Olivenfelder. Mandarinenbäume. Und meine Familie. Ich kann hier stundenlang mit dem Fahrrad herumfahren.

Ich brauche nicht viel, um glücklich zu sein. Habe ich nie gebraucht. Vielleicht liegt darin meine Schuld.

Es ist Ende März 2010, der Monat, in dem alles begonnen hat: am 11. März vor elf Jahren.

Alles hat mit einer Geburtstagstorte angefangen.

* * *

An jenem Nachmittag sagt meine Mutter zu mir, dass ich die Zutaten für meine Torte einkaufen gehen darf. Sie will eine dreistöckige Torte für mich machen. Mit Erdbeeren und Sahne. Sie gibt mir das Geld dafür. Aber bevor ich die Sachen kaufe, gehe ich erst auf die Piazza: Heute ist mein Geburtstag, und ich möchte mich dort sehen lassen, damit mir alle, die mir begegnen, gratulieren. Ich bin dreizehn Jahre alt. In ein paar Monaten werde ich den Abschluss nach der achten Klasse machen. Aus mir wird langsam eine Frau.

Ich drehe meine Runden. Erst als ich von den vielen Glückwünschen beinahe platze, gehe ich in Richtung Lebensmittelladen, um Mehl, Eier und die Hefe für den Teig zu kaufen.

Als ich mit der Tüte im Arm das Geschäft verlasse, kommt auf der Straße ein Auto heran und fährt neben mir her. Es hupt.

»Hallo, Annarella, wo willst du hin?«

Es ist Domenico. Domenico Cucinotta. Ich kenne ihn, obwohl er viel älter ist als ich. Er ist schon zwanzig.

»Hallo. Ich war einkaufen. Heute ist mein Geburtstag. Jetzt gehe ich wieder nach Hause«, sage ich stolz zu ihm gewandt, aber ich gehe weiter.

Domenicos Wagen folgt mir. Neben ihm sitzt sein Freund. Er heißt auch Domenico. Domenico Iannello. Doch der sagt nichts zu mir. Im Ort sind nie viele Autos unterwegs. Ich gehe langsam weiter. Und Domenicos Wagen fährt weiter neben mir her.

»Komm schon, Annarella, bleib doch mal stehen. Weißt du eigentlich, dass du schön bist? Wirklich schön.«

Ich lächele.

»Komm, bleib stehen. Ich möchte dir zum Geburtstag gratulieren, so, wie es sich gehört.«

Ich gebe seinen Schmeicheleien nach und bleibe, die Tüte im Arm, auf dem Bürgersteig stehen. Die beiden Männer bleiben im Wagen sitzen. Domenico lässt den Arm aus dem Seitenfenster hängen. Seine Augen hinter den Brillengläsern mustern mich zärtlich von oben bis unten.

Ich erschauere.

Ist es so, wenn man dreizehn Jahre alt ist? Ist es so, eine Frau zu werden? Ich habe noch nie einen solchen Blick auf mir gesehen oder gespürt. Und jetzt sagen seine Worte dasselbe wie seine Blicke.

»Weißt du eigentlich, Anna, dass ich dich schon eine Weile beobachte? Du interessierst mich. Ich will was von dir.«

»Was willst du denn?«, frage ich frech.

»Ich möchte mich mit dir treffen. Ich möchte mich mit dir verloben.«

»Du willst dich verloben?«

»Sicher.«

»Heute habe ich keine Zeit. Ich muss nach Hause. Ich muss meiner Mutter helfen, die Torte zu backen. Wir reden morgen darüber. Um drei komme ich zur Chorprobe in die Kirche. Wir treffen uns danach. Hinter der Kirche. Um fünf Uhr. In Ordnung?«

Ich hebe die Tüte auf, die ich in der Zwischenzeit auf dem Boden abgestellt hatte, und wende mich ab. Dann mache ich mich auf den Heimweg.

»Alles Gute, Püppchen. Wir sehen uns morgen. Einen schönen Geburtstag«, ruft mir Domenico nach, dann gibt er

Gas und fährt ohne ein weiteres Wort davon. Aber mir genügt das.

Ich bin dreizehn Jahre alt und habe vielleicht ab morgen einen Verlobten.

* * *

An die Begegnung mit Domenico Cucinotta und Domenico Iannello kann ich mich Wort für Wort erinnern. Ich erinnere mich an Cucinottas Blick. Daran, wie die Torte geschmeckt hat, die meine Mutter an diesem Abend gebacken hat. Ich erinnere mich an alles.

Das Dorf

Mitten in der Nacht klingelt das Telefon. Alle in der kleinen Wohnung werden wach. Aber nur Anna steht auf. Sie weiß, dass es für sie ist. Halb drei. Sie nimmt den Hörer ab.

»Hallo?«

»Ich werfe dich in eine Wanne mit Säure. So wirst du irgendwann enden. In den nächsten Tagen stirbst du.«

Anna zieht den Stecker des Telefons heraus. Sie geht ins Bad. Wäscht sich die Hände. Dann legt sie sich wieder ins Bett.

»Wer war das, Anna?«, fragt ihre Schwester schlaftrunken.

»Niemand. Mach dir keine Sorgen, schlaf weiter.«

»Was haben sie gesagt?«

»Jetzt wird geschlafen.«

»Hast du das Telefon ausgetöpselt?«

»Ja.«

»Gute Nacht.«

»Gute Nacht.«

Vier Augen starren weit aufgerissen in die Dunkelheit und warten darauf, dass es Tag wird.

Die Stufe

Das Fest an meinem dreizehnten Geburtstag war wunderschön. Alle meine Onkel und Tanten sind gekommen. Auch meine Lieblingstante Tiziana. Und meine Cousinen. Mama hat eine wunderbare Torte gebacken, wirklich dreistöckig, wie versprochen, und ich habe ein Stofftier bekommen und ein neues Kleid für den Tag der Abschlussprüfungen.

Am nächsten Tag treffe ich mich wie verabredet mit Domenico.

Wir üben mit dem Kirchenchor das Ave Maria ein. Das werden wir an Ostern singen. Ich habe sogar ein Solo. Und dank dem Chor kann ich mich etwas freier bewegen und auch nachmittags das Haus verlassen.

Nach der Probe gehe ich hinter die Kirche. Domenico wartet dort schon auf mich. Er ist allein. Wir setzen uns ganz nah beieinander auf eine Stufe. Er nimmt sofort meine Hände. Und ich lasse es zu. Mir gefällt das.

»Ich möchte mich mit dir treffen. Mir ist es ernst. Ich werde mit deinem Vater reden. Du bist ein Püppchen. Und du sollst mein Püppchen sein.«

Er sagt viele solche zärtlichen Sachen zu mir. Ist so nett. Ich werde ganz rot und bringe kaum ein Wort heraus. Ich hatte noch nie einen festen Freund. Einen Verlobten.

Domenico arbeitet bei seinem Vater in der Ziegelei von

Rendo. Er fährt einen grünen Lancia Y10. Und er ist ein anständiger Kerl. Er verdient sich seinen Lebensunterhalt auf ehrliche Weise.

Nach jenem Nachmittag treffen wir uns noch einige Male. Wir verabreden uns nie vorher. Ich sehe ihn, wenn ich aus der Schule komme. Oder vor der Chorprobe. Wir treffen uns einfach im Ort, und dann gehen wir zu unserer Stufe hinter der Kirche. Es ist nur eine Stufe vor einer verschlossenen Tür, auf der Rückseite der Pfarrkirche. Doch für mich ist sie so schön wie eine Bank am Meer.

Auf der Eisentür stehen viele Namen von verliebten Pärchen, mit dickem Edding draufgekritzelt. Und wir lehnen uns mit dem Rücken an die Tür und ihre Versprechen und reden über Gott und die Welt. Aber niemals sehr lange.

Wir bleiben nur kurz zusammen, weil ich dann immer nach Hause muss. Ich darf nicht lange allein unterwegs sein. Aber für ihn ist das so in Ordnung. Und er macht mir viele Komplimente.

Zu Hause und bei meinen Mitschülerinnen erzähle ich nichts von meinen Treffen mit Domenico. Kaum eine meiner Freundinnen hat schon einen festen Freund, einen Verlobten.

Jedes Mal, wenn ich von einem Treffen mit Domenico nach Hause komme, schalte ich das Radio ein. Dann suche ich nach Liebesliedern und singe mit. Meine Mutter sagt, ich spinne. Aber ich singe trotzdem. Und träume von meinem Brautkleid.

Es muss aus Seide sein, und lang natürlich. Außerdem soll es am Rücken drei Röschen haben, eine Brosche, um die Schleppe zu halten, die lang, weich fallend und weiß sein muss. Kein Schleier, weil ich so klein bin. Aber dafür ein

Krönchen aus Seidenrosen auf den Haaren, die ich offen tragen werde.

Ich singe und träume vor mich hin und denke an all die Worte, die Domenico zu mir sagt. Es ist wunderbar, dreizehn Jahre alt zu sein.

Das Dorf

»Du bist eine Nutte, eine verdorbene Schlampe. Du gefällst mir so, warum gehst du nicht mal mit mir? Du bist doch so gut im Blasen. Du Nutte, mir ist ganz egal, dass du zu den Carabinieri gerannt bist. Wenn du nicht am üblichen Platz auftauchst, komme ich zu dir nach Hause.«

Der erste Anruf ist heute um 15.55 Uhr. Ein weiterer um 15.57. Und um 16.06. Um 16.11. Um 16.14. Und um 16.16.

Es sind immer *die.*

Anna zieht den Telefonstecker heraus, sie schließt das Fenster, verriegelt die Tür.

Doch die Stimmen schweigen nicht. Die anklagenden Worte schlüpfen durch die Mauerritzen hinein, unter der Tür durch. Dringen von oben durch das Dach ein und mit dem Wasser, das aus dem Wasserhahn kommt.

Sie sind immer da und werden nie müde. Die wollen sie, wollen sie immer noch.

Ich will mich nicht mehr mit ihm verloben

*H*eute habe ich mich mit Domenico getroffen. Ich will mich nicht mehr mit ihm verloben. Will ihn nie wieder sehen. Wir haben uns am Schultor getroffen. Er hat mich gefragt, ob ich nicht einen Ausflug machen wollte, ein wenig raus vors Dorf. Ich war glücklich. Es wird Frühling. Und in der Sonne ist es angenehm warm.

»Aber nicht länger als eine halbe Stunde, meine Mutter wartet auf mich. Ich muss ihr helfen, Abendessen zu machen«, habe ich ihm gleich gesagt.

»Eine halbe Stunde reicht«, hat er geantwortet, und da habe ich ihm noch geglaubt.

Ich steige in den Wagen.

Ich weiß, dass er mit mir rausfahren will, um mich zu küssen. Verlobte küssen sich. Und ich möchte das auch.

Aber als Domenico wenig später den Wagen anhält, sehe ich, dass wir dort draußen nicht allein sind. Da ist auch sein Freund Domenico Iannello, den ich am Tag der Geburtstagstorte gesehen habe. Und andere junge Männer.

Sobald sie mich sehen, fangen sie an zu grinsen. Ihre Gesichter sind zu schrecklichen Grimassen verzerrt. Sie lachen. Sagen kein Wort. Und lassen die Hosen herunter.

Um mich herum Oliven und Erde. Erde und Oliven. Der Himmel. Sonst nichts. Sie haben ihr Ding herausgeholt. Den

Penis. Den Schwanz. Dieses Wort habe ich noch nie ausgesprochen. Ich bekomme einen Schreck und schreie. Weiß nicht, wohin ich schauen soll. Ich starre sie an.

Domenicos Lancia Y10 parkt mitten auf dem Feld unter einem Olivenbaum. Die Männer stehen in einer Reihe vor mir. Ich bleibe ganz nah beim Wagen und rühre mich nicht. Mein Herz rast.

Sie wollen, dass ich bei ihnen irgendwelche Sachen mit dem Mund mache. Zeigen mir das mit ihren Händen. Winken mir, ich soll zu ihnen kommen.

Sie lachen.

Ich steige wieder in den Wagen. Dort sitze ich starr wie eine Statue. Stumm. Ich habe Angst, richtig Angst. Wo bin ich hier gelandet? Wo soll ich nur hin?

»Hilfe«, rufe ich schrill. Wieder und wieder. »Hilfe! Helft mir doch!«

Da werden sie wütend und lachen nicht mehr. Ziehen nur die Hosen hoch. Kommen nicht einmal näher. Die Männer reden miteinander. Ich starre sie weiter an und rühre mich nicht.

Irgendwann steigt Domenico in den Wagen und fährt los. Die Räder bohren sich tief ins Erdreich. Die anderen bleiben unter dem Olivenbaum stehen. Domenico bringt mich zur Kirche zurück. Den ganzen Weg über sagt er kein Wort und schaut vor sich auf die Straße. Genau wie ich.

Ich will Domenico Cucinotta nicht mehr sehen. Er hat gesagt, dass er sich mit mir verloben will. Dass er mit meinem Vater sprechen will. Und was erzählt er meinem Vater über heute Nachmittag?

Ich verstehe die *masculi,* die Männer nicht. Ich bin verwirrt. Begreife weder, was ich fühle, noch weiß ich genau, was die heute von mir wollten und warum. Machen die älteren Mädchen solche Sachen etwa mit ihren Verlobten?

Als ich die Szene auf dem Feld wieder vor mir sehe, verjage ich den Gedanken sofort. Ich habe Angst, mich daran zu erinnern. Mein Magen zieht sich dann ganz schrecklich zusammen.

Ich würde gern meine Mutter fragen. Aber sie ist so naiv. Mit Mama kann ich über Küchendinge reden und über die Wäsche. Aber über so etwas rede ich nicht mit ihr. Nicht einmal über die Schule. Gar nicht daran zu denken, dass ich ihr sagen könnte, was heute dort draußen passiert ist. Meine Schwester ist zehn Jahre alt. Sie ist zu klein. Wie gern hätte ich jetzt eine ältere Schwester.

Ich habe noch nie zuvor einen nackten Mann gesehen. Es gefällt mir nicht. Ich habe noch nicht einmal jemanden geküsst.

Das Dorf

Heute hat Anna das Haus verlassen. Sie hat es dort drinnen nicht mehr ausgehalten. Sie bekam keine Luft mehr. Heute Nacht hatte sie einen Albtraum. Sie hat geträumt, während sie im Bett lag, hätte es zu regnen begonnen. Das Dach des Hauses war verschwunden, und es regnete hinein. Das Wasser prasselte heftig auf sie herab. Und sie begann es zu schlucken. Sie konnte nicht mehr atmen. Es regnete. Dann war sie am Strand. Die Wellen brachen über sie herein. Und sie konnte sich nicht mehr auf den Beinen halten.

– 23 –

Wasser.

Ein Atemzug.

Wasser.

Es war schrecklich.

Heute hat sie das Haus verlassen. Aber sobald sie um die Ecke bog, hat eine von denen von einem Balkon im ersten Stock eine brennende Zigarette nach ihr geworfen und sie genau im Gesicht getroffen.

»Wir werden dich verbrennen. Du kannst uns so oft anzeigen wie du willst, die können ja doch nichts tun.«

Anna ist sofort nach Hause zurückgelaufen.

Sie bekommt keine Luft mehr.

Ave Maria

Gegrüßet seist du, Maria, voll der Gnade, der Herr ist mit dir.

Die Nacht vor Ostern. Heute ist Messe, und ich darf abends aus dem Haus gehen, weil ich im Chor singe. Das ist ein Ereignis. Seit dem Morgen bin ich schon aufgeregt, ich bin sehr früh aufgewacht, so sehr freue ich mich darauf, dort heute Abend zu singen.

Ich ziehe mich langsam an. Ein schwarzes Röckchen. Einen grünen Pullover. Flache Schuhe. Ohne Strümpfe. Meine Haare duften frisch, und ich habe sie mit einem Eisen geglättet. Ich schminke mich. Male mir Blau auf die Augen. Im Bad verfolgt meine Schwester gebannt, wie ich geschickt und rasch den Lidschatten verteile. Meine Mutter schminkt sich nie. Ich weiß nicht einmal, von wem ich gelernt habe, Kajal, Lidschatten und Lippenstift zu benutzen. Das habe ich mir bei den älteren Mädchen abgeschaut. Ich habe sie beobachtet. Und den Lidschatten hat mir eine Freundin geschenkt, die schon siebzehn ist. Es ist nicht mehr viel drin, deshalb benutze ich ihn nur bei besonderen Gelegenheiten.

Du bist gebenedeit unter den Frauen, und gebenedeit ist die Frucht deines Leibes, Jesus.

Während ich mich im Bad schminke, singe ich diese Worte leise vor mich hin, empfinde jedes einzelne tief in meinem Herzen nach, bevor ich es über die Lippen kommen lasse. Ich mag nicht an Domenico denken. An das, was auf dem Land passiert ist. Heute Abend will ich nur singen und dabei an Jesus und Maria denken.

Heilige Maria, Mutter Gottes.

Nach der achten Klasse will ich eine Friseurlehre machen. Ich kann schon sehr gut frisieren. Mit dem schwarzen Stift umrande ich meine Augen.

»Anna, beeil dich, es ist schon spät.« Meine Mutter betritt das Bad.

»Schon fertig. Ich gehe.« Ich verstecke den Lidschatten in der Schublade des Schrankes zwischen den sauberen Höschen und räume auf: Haarbürste, Shampoo, Handtücher.

Im Haus herrscht Festtagsstimmung.

»Ich will auch mitgehen, Mama, ich auch«, jammert meine Schwester und klammert sich an meinem Röckchen fest.

Meine Mutter zieht sie weg.

»Dazu bist du noch zu klein. Anna singt in der Kirche.«

Ich fühle mich sehr erwachsen, während ich mich von meiner Mutter und meiner Schwester, die sich weinend und mit laufender Nase an einem ihrer Beine festhält, verabschiede.

Ich gebe beiden einen Kuss. Verabschiede mich von meinem Vater, der am Tisch sitzen bleibt, den Kopf in beide Hände gestützt, und gebannt auf den Fernseher starrt.

Während ich schnell zur Kirche laufe, bete ich zu Maria und wiederhole stumm mein Lied.

Das Dorf

Ein Pfiff. Jemand läuft pfeifend auf dem Bürgersteig unter Annas Fenster auf und ab.

Er sagt kein Wort.

Läuft nur auf und ab.

Und pfeift dazu.

So steckt er die Mauern ihres Gefängnisses ab.

Anna bewegt sich langsam. Vor und zurück. Das Pfeifen füllt den leeren Raum zwischen ihnen aus.

Die auf der einen Seite.

Anna auf der anderen.

Die Osternacht

*A*nna, komm raus, ich muss mit dir reden.«

»Nein, Domenico. Ich will nicht reden.«

»Es ist aber wichtig, Anna. Komm kurz mit raus. Wir treffen uns auf unserer Stufe.«

»Domenico, ich habe keine Zeit, ich muss heute Abend singen.«

Ich wehre mich. Zuerst mit den Augen, dann mit dem Körper und mit Worten. Domenico gibt nicht nach. Er hat sich hinter einer Säule im Hauptschiff der Kirche versteckt. Wenige Meter von mir und vom Chor entfernt. Er droht, dass er mich hinter dem Altar holen kommt. Ich schleiche mich vom Chor weg und gehe auf die Rückseite der Kirche, um zu hören, was er mir zu sagen hat.

Die Messe beginnt.

Sancta Maria, Mater Dei, ora pro nobis peccatoribus, nunc et in hora mortis nostrae …

Als der Chor einsetzt, schleiche ich mich mit klopfendem Herzen hinaus.

… mortis nostrae …

Domenico sitzt auf unserer Stufe.

»Was willst du?«, frage ich und bleibe vor ihm stehen.

»Und du, was willst du? Etwa hier die Erwachsene spielen?« Er packt mich am Arm. Aber obwohl ich mir selbst dabei wehtue, reiße ich mich mit einem heftigen Stoß los und weiche zurück.

»Komm, Annarella, setz dich neben mich. Wir haben uns doch gern, oder?«

»Domenico, ich …«

Er lächelt. Ist nett. Sagt nichts mehr. Sitzt nur dort und streckt mir eine Hand hin. Er versucht auch nicht mehr, mich anzufassen. Er bleibt auf Abstand und wartet. Ich denke nicht mehr an das, was da draußen passiert ist, an seine Freunde, an meine Wut, und setze mich neben ihn.

»So ist es brav.«

Die Stimmen des Chores höre ich nicht mehr. Auf der Straße ist kein Mensch. Alle sind bei der Messe. Hier sind nur wir beide.

»Drehen wir eine Runde?«

»Im Auto?« Das will ich nicht.

»Lass uns ein bisschen rausfahren, damit wir allein sein können wie zwei richtige Verlobte.«

»Im Auto?«, wiederhole ich und weiß nicht, was ich denken soll. Ich weiß nicht, wie ich mich entscheiden soll.

Ich zögere.

Domenico steht auf. Und ich folge ihm. Er steigt in den Wagen. Ich auch. Er startet den Motor. Ich schlucke allen Speichel runter, den ich im Mund habe, denn ich habe Durst.

… *Sancta Maria, Mater Dei, ora pro nobis peccatoribus* …

Der Wagen fährt auf der Straße, die nach Cirello führt, in Richtung Felder. Das Lied verlässt meinen Kopf, und ich verliere seine Worte in der Dunkelheit des Abends.

Wird er mich küssen wollen? Oder wird er mehr wollen? Was mache ich, wenn er mehr will? … Warum bin ich nur eingestiegen? Warum bin ich nicht in der Kirche geblieben? Was ist, wenn meine Mutter das herausfindet? Oder mein Vater? Ich wollte so gern heute Abend singen. Was habe ich getan? Anna, was tust du?

Unterwegs im Wagen sagen wir beide kein Wort. Ich schaue vor mich. Konzentriere mich auf die weiße Mittellinie der Straße. Wir verlassen das Dorf. Lassen die letzten Lichter hinter uns. Wir fahren über eine Brücke. Die weiße Linie ist verschwunden.

Der Wagen biegt auf eine unbefestigte Straße ab. Domenico fährt geradeaus, ohne den Schlaglöchern auszuweichen. Rast schnell dahin. Bei jedem Stoß wird meine Wirbelsäule von unten bis ganz nach oben durchgeschüttelt. Ich klammere mich an den Haltegriff. Und bei jedem Ruck beiße ich mir auf die Zunge. Ich habe Angst.

Genau wie an dem Tag dort draußen auf dem Feld. Es war ein Fehler, mitzugehen.

Endlich fährt er langsamer und hält vor einem abgelegenen Haus. Es gibt kein Licht. Es gibt gar nichts hier. Zwischen den Zweigen der Mandarinenbäume mache ich die Silhouette einer Hütte aus. Domenico stellt den Motor ab. Die Scheinwerfer erlöschen.

Ich sehe ihn an.

Er grinst.

»Lass uns zu der Hütte gehen, dort spielen wir ein bisschen und haben unseren Spaß.«

Ich finde nichts, woran ich mich festhalten könnte.

Also folge ich ihm.

Das Dorf

Der Hund der Nachbarn bellt. Anna und ihre Schwester wachen schreiend auf. Aurora und ihr Mann rennen in den Garten.

»Mama, Mama ... Papa, wer ist da, was ist los?«, ruft Anna und hält ihre Schwester fest umklammert: Sie haben sich auf einem ihrer Betten zusammengekauert, und ihre Augen richten sich ängstlich auf das Fenster.

Aurora antwortet nicht. Annas Vater läuft in der Dunkelheit vor seiner Frau her.

Der Zaun wurde durchgeschnitten.

Wieder eine Nacht.

Das Dorf lässt nicht locker.

Die Hütte

Die voll beladenen Mandarinenzweige neigen sich schwer zum Boden hin. Wir sind in der Dunkelheit aus dem Wagen gestiegen. Ihre Blätter streicheln mein Gesicht. Sie stechen. Schneiden. Ich lege meine Hand schützend über die Augen und gebe meine Handrücken den Kratzern dieser süß duftenden Klingen in der Nacht preis. Ein intensiver Geruch. Nach Erde und Orangen. Dunkel und säuerlich. Diese vom Mandarinenduft erfüllte Nachtluft steigt mir in die Nase und bis hinunter in den Magen.

Ich höre Stimmen aus der Hütte. Bleibe wie erstarrt stehen. Rühre mich nicht. Ich bin ganz stark.

»He, warum bleibst du stehen? Beweg dich!« Domenico versetzt mir einen Stoß. Seine Stimme klingt wieder hart. Nicht mehr so wie auf unserer Stufe.

»Wer ist da? Wohin gehen wir?« Die Zweige neigen sich noch weiter und versperren den Rückweg.

»Los, komm schon, du wirst deinen Spaß haben, vertrau mir. Es ist ein Spiel, ein schönes Spiel, und du bist doch lieb.«

»Nein, Domenico. Bring mich zurück zur Kirche, bring mich zurück zur Kirche!«

Mit all meiner Kraft versuche ich, meinen Arm loszureißen. Aber er hält ihn fest umklammert und zieht meinen ganzen Körper an sich.

Liebe Madonna, hilf mir. Liebe Madonna, ich habe einen Fehler begangen. Ich hätte nicht mitkommen dürfen, aber jetzt hilf mir bitte, bring mich zu dir in die Kirche zurück. Bring mich zurück nach Hause!

Ich schaue nach oben und bete. Aber dort kann ich nichts entdecken. Die reich beladenen Bäume verbergen den Himmel, meinen letzten Zufluchtsort. Ich muss auf der Erde bleiben. Und lande auf dem Boden. Auf meinen Knien. Meine Handflächen sind zerkratzt und feucht, und die Knie drücken sich in die Erde.

Ich verkralle mich mit den Fingern in den Boden, aber das genügt nicht. Der kann mich nicht halten.

»Steh auf. Gehen wir.« Domenico zieht mich hoch.

Wir gehen hinein.

Ich will gleich wieder raus.

Sie sind dort drinnen. Die vom letzten Mal. Ich kenne sie. Aber bevor ich ihre Stimmen höre, spüre ich ihre Hände. All ihre Hände auf meinem Körper.

Ich schreie.

Schreie.

Mein Magen ist in Aufruhr. Mir ist kalt. Ich möchte nur weg.

Maria, wo bist du, hilf mir bitte, denke ich. Ich will ihre Aufmerksamkeit nicht auf mich lenken, suche nur nach einem Spalt, einem Fenster, einem Weg hinaus. Die Tür schließt sich.

Jetzt bin ich verloren.

»Ihr Mistkerle, hört auf, das sag ich meinem Vater, der wird euch alle umbringen. Ihr Mistkerle, ich werd es meinem Vater sagen«, stoße ich spuckend hervor.

Ich kämpfe.

Beiße.

Schreie.

Meine Augen gewöhnen sich allmählich an die Dunkelheit. Ich erkenne einen Tisch. Sie sagen nichts. Ich höre nur Gemurmel. Gelächter. Die Hände hören auf, mich zu berühren. Eine kleine Lampe wird angezündet. Die Worte, die jetzt kommen, sind wie dunkle Schatten.

Sie schleppen mich in die Mitte des Raumes. Ich sehe zur Tür hin. Drehe mich schnell um, weil sie mich hochheben. Jetzt sehe ich wieder nach vorn. Was passiert mit mir? Wo bringen die mich hin?

Sie legen mich auf einen Tisch. Mit gespreizten Beinen. Halten mich an Hand- und Fußgelenken fest. Ich kann mich nicht mehr bewegen. Bin ein starrer Block. Kann keinen Muskel mehr bewegen. Außer den Augen. Ich reiße die Augen weit auf.

Zwei Hände ziehen mir das schwarze Röckchen aus. Es fällt zu Boden.

Ich schreie.

Zwei Hände ziehen mir den grünen Pullover aus. Er landet im Hintergrund des Raums.

Ich schreie.

Ich fühle, wie sich zehn Finger ganz langsam meiner Unterhose nähern, sie packen und herunterziehen.

Ich weine, weine und kann gar nicht aufhören.

Meine Unterhose rutscht an den Schenkeln herunter, am Knie, an den Knöcheln. Ein Fuß. Dann der andere Fuß.

Ich schreie.

Ich ersticke fast an meinem eigenen Speichel. Ich versuche

zu beißen, aber zwischen meinen Zähnen spüre ich nichts als Luft und Tränen. Ich sehe meine Unterhose auf dem Boden liegen. Jetzt haben die mir auch das weiße Baumwollunterhemd ausgezogen. Das mit dem Spitzenrand.

Rock.

Pullover.

Unterhose.

Unterhemd.

Jetzt bin ich …

Nackt.

Nur die Schuhe an den Füßen. Ich auf dem Tisch. Ich liege auf einem Tisch. Und kann nur noch weinen, weil ich mich nicht bewegen kann. Weil die mir den Mund verschlossen haben. Und meine Schreie hallen in meiner Brust wider, ohne einen Weg nach draußen zu finden. Die Augen suchen nach einem Fluchtweg.

Der Rock. Schwarz. Der Pullover. Grün. Die Unterhose. Weiß. Meine Augen suchen, forschen, weichen aus. Das Einzige von meinem Körper, was ich noch bewegen kann.

Ich spüre etwas Warmes, das in mich eindringt, und schließe die Augen. Kneife sie fest zusammen. Nun sehe ich nichts mehr. Das da ist warm und schmierig. Etwas schiebt sich in meinen Bauch, drängt sich in mich und explodiert dort. Und zerreißt mich. Dehnt mich aus. Schlägt mich. Von innen. Drückt. Drückt. Drückt. Zerstört.

Ich schreie.

Wieder legt sich eine Hand über meinen Mund. Ich kann nicht atmen. Das da in meinem Bauch ist hart. Und heiß.

Es tut weh, mein Gott, wie weh das tut.

»Neeeiiin …«

Ich reiße die Augen weit auf.

Domenico Cutrupi ist der Erste. Ich öffne die Augen und sehe ihn an. Er ist ein Freund meines Domenico und von Domenico Iannello. Der und sein Bruder Michele sind auch im Raum. Sie sind zu viert. Erst jetzt erkenne ich sie genau. Obwohl sich in meinem Kopf alles dreht. Und ich mich am liebsten übergeben möchte.

Plötzlich lösen sich die Hände, die mich niedergedrückt haben. Geben meine Handgelenke frei. Ich versuche aufzustehen. Aber mir fehlt die Kraft dazu. Ich bleibe auf dem Tisch sitzen. Starre den Rock auf dem Boden an. Plötzlich ist alles schwarz.

Ich werde ohnmächtig. Die ohrfeigen mich, und da bekomme ich wieder Luft, würge Speichel aus.

»Wenn du deinem Vater was erzählst, bringen wir dich und ihn um und deine ganze Familie dazu.« Cutrupi löst sich aus mir. Er redet laut. Alle reden jetzt gleichzeitig. Aber ich verstehe sie nicht. In meiner Angst kann ich die Worte nicht unterscheiden.

Jetzt lässt Domenico die Hosen herunter. Ich schaue mich nicht mehr um. Suche keinen Fluchtweg mehr. Ich sehe ihn an. Suche seine Augen. Und mein Blick fleht ihn an: »Tu es nicht.« Ich habe keine Stimme mehr, keine Kraft für Bisse. Keine Tränen mehr. Nur meine Augen …

Jetzt ist er dran. Cucinotta tut, was er tun muss. Und ich bin stumm. Weil ich nicht weiß, was ich tun soll, weil ich mich nicht rühren kann. Weil ich tot bin. Domenico zieht sich nicht einmal die Hosen aus. Er lässt sie nur herunter. Der dunkle Stoff der Hosenbeine rollt sich um seine mageren Knöchel zusammen. Er stützt sich auf dem Tisch ab und

– 36 –

bewegt sich vor und zurück. Vor und zurück. Er schlitzt mir den Bauch auf. Die Angst besiegt den Schmerz. Meine Hände werden kraftlos. Ich spüre, wie die Kraft aus meinen Fingerspitzen läuft und erkaltet.

Ich will hier weg. Bitte. Lasst mich gehen.

Aber es ist noch nicht zu Ende. Noch nicht. Jetzt ist Domenico Iannello dran. Der Dritte? Ja, er ist der Dritte. Er kommt an den Tisch. Dann Michele, sein Bruder, der Vierte.

Ich zähle.

Aber es ist immer noch nicht zu Ende. Cutrupi stürzt sich wieder auf mich. In mich.

Und ich?

Wo bin ich jetzt?

Er bleibt lange Zeit in mir. Ich halte es nicht mehr aus. Es gibt keinen genauen Punkt, an dem der Schmerz anfängt oder endet. Ich selbst bin der Schmerz. Jetzt schreie ich nicht mehr. Dazu fehlt mir die Kraft. Ich sehe alles verschwommen. Kann mich nicht bewegen. Meine Hände sind eiskalt. Die Schuhe schnüren meine Füße ein.

»Zieh dich an.«

»Wer, ich?« Meinen die wirklich mich?

»Anna, los, wir müssen gehen. Es ist spät. Zieh dir diesen verdammten Rock an und lass uns gehen.«

Sie nennen mich beim Namen.

Als ich vom Tisch herunterwill, geben meine Beine nach. Ich falle. Und knalle mit dem Kinn auf den Boden. Dabei beiße ich mir auf die Zunge. Kniend sammele ich das Schwarze, Grüne und Weiße auf. Ich ziehe mich an.

Ich verliere Blut.

Auf meinen Beinen ist Blut.

– 37 –

Schwarz. Grün. Weiß. Und jetzt noch Rot.

Ich starre dieses Rinnsal Blut an, das über meinen Schenkel läuft. Ist das von mir? Ist das mein Blut?

* * *

Sie sind schon alle draußen vor der Hütte. Die Mandarinenzweige haben sich nicht bewegt. Auch der Himmel nicht. Ich steige zu Domenico in den Wagen. Er bringt mich auf die Rückseite der Kirche, und ich mache mich sofort auf den Heimweg. Ganz leise öffne ich die Tür und bleibe kurz auf der Schwelle stehen, bevor ich eintrete. Zwischen Tür und Angel. Dann gehe ich hinein, ohne Licht zu machen. Alle schlafen. Im Bad wasche ich mich. Ich reibe mich kräftig ab, weil ich nach Mandarinen und Fäulnis stinke. Ich verliere kein Blut mehr. Anscheinend haben sie mich doch nicht verletzt, wie ich glaubte. Nein, es ist vorbei. Die rote Spur, die ich in der Hütte gesehen habe, ist auf meinem Schenkel getrocknet. Ich wasche sie ab. Zieh mir den Schlafanzug an und schlüpfe ins Bett.

Den Kopf im Kissen vergraben, versuche ich zu singen. Ich erinnere mich nicht mehr an den Refrain. Ich habe die Worte des Ave Maria vergessen. Habe sie verloren. Stumm bleibe ich liegen. Der Tag geht zu Ende. Mir ist heiß. Aber diese Hitze kommt von innen. Nur meine Hände werden nicht warm. Sie sind eiskalt.

Das war mein erstes Mal.

Ich habe geglaubt, ich sterbe.

Aber ich habe weitergelebt.

Das Dorf

Der erste Anruf kommt um 16.52 Uhr. Der zweite um 17.01. Der dritte um 17.09.

Ein Mann.

Immer die gleiche Stimme am Telefon: »Warum kommst du nicht zum Gefängnis von Palmi? Du hast einen hübschen Arsch. Und ich weiß, dass du gut im Ficken bist.«

Am anderen Ende der Leitung zieht jemand den Stecker heraus.

Die Stofftiere

*H*eute muss ich nicht zur Schule. Es ist Sonntag. Ostersonntag. Auf dem Regal neben dem Fernseher stehen die großen Ostereier aus Schokolade. Das grüne ist meins, das in der rosa Folie ist für meine Schwester. Ein Geschenk meines Vaters.

Ich bleibe bis Mittag im Bett. Ich habe keine Lust, aufzustehen und diesen Tag zu beginnen. Ich kann mich nicht daran erinnern, was gestern in dieser Hütte passiert ist. Als wäre mein Kopf blockiert. Ihre Gesichter. Der Tisch. Die Bäume. Alles ist irgendwie eingefroren. Ich spüre sie, sie sind in meinen Gedanken, aber ich kann sie nicht berühren, sie nicht wiederaufleben lassen. Sie lasten schwer auf mir, aber sie sprechen nicht zu mir. Eisfiguren drängen sich in meinen Kopf, und ich schaue dabei zu, versuche nur, sie nicht zu berühren. Und sie enden in einem entlegenen Winkel von mir selbst.

Meine Beine und mein Bauch tun mir weh. Diesen Schmerz fühle ich. Selbst im Bett. Und als ich aufstehe, kommt es mir vor, als würde ich merkwürdig laufen.

Ich habe kaum geschlafen. Seit mindestens drei Stunden bin ich wach. Ich habe gehört, wie meine Mutter aufsteht und den Kaffee kocht. Und die Stimme meines Vaters. Meine Schwester ist auch wach. Ich bleibe mit dem Kopf unter der

– 40 –

Bettdecke liegen, mit dieser Last zwischen meinen Beinen und den Eisfiguren in meinem Kopf, die sich langsam zurückziehen. Bis sie verschwinden. Und mein Kopf leer zurückbleibt. Vollkommen leer.

Meine Schwester liegt auf dem anderen Bett und spielt mit ihrem Teddy. Sie erzählt sich und diesem Stofftier eine Geschichte. Ich beobachte sie verstohlen, nur ein Auge geöffnet, unter der Bettdecke. Welche Geschichten kann man einem Teddy schon erzählen?

»Hast du Hunger? Großen Hunger? Soll ich dir ein bisschen Käse kochen? Ich kümmere mich um dich …«

Meine Schwester spielt. Sie legt ihrem Bären ein Lätzchen um.

Ich stehe abrupt auf. Öffne das Fenster. Ich brauche jetzt frische Luft und versammle alle meine Stofftiere auf dem Bett. Meinen Bären, den Hund, die Katze.

»Was machst du da? Spielen wir jetzt zusammen?«, fragt meine Schwester ganz aufgeregt. Sie liebt meine Stofftiere. Und sie darf sie nie anfassen.

»Was tust du?«

»Ich packe sie weg. In den Keller.«

»Schenkst du sie mir?« Sie vergisst ihren Bären und lässt sich auf mein Bett fallen.

»Nein, du dumme Gans!« Ich versetze ihr einen Stoß, und sie bleibt mit schützend erhobenen Händen liegen. Der Blick aus ihren Augen ist wie ein Schlag ins Gesicht. Ich nehme die Stofftiere und werfe sie auf den Boden. Das letzte nehme ich zwischen die Zähne. Ich will es totbeißen. Will es auffressen, zerstören. Ich fühle, wie der Stoff unter meinen Zähnen nachgibt. Das Kunststoffauge starrt mich an. Und ich zerre am Stoff. Immer stärker. Mein Speichel schmeckt nach Stoff. Und der Stoff ist von Speichel durchtränkt. Ich genieße diesen Augenblick und zerre noch stärker daran. Die Naht gibt nach, und das Ohr des gelben Bären löst sich, bleibt zwischen meinen Zähnen hängen. Ich werfe den restlichen Körper des verstümmelten Tieres meiner Schwester ins Gesicht.

Sie hebt nicht einmal die Hände, um sich zu wehren. Nein, sie weicht nur zurück und sieht mich erschrocken an.

Am liebsten würde ich sie ohrfeigen. In mir steigt Wut auf. Und Kraft. Sie darf meine Stofftiere nicht anfassen. Sie darf mich nicht anfassen.

Doch das hält nur einen Augenblick an. Ich fühle, wie mein Kopf heiß wird und meine Hände schwer werden. Dann ist alles wieder wie vorher.

»Ach, mein Schatz, entschuldige.« Ich stürze auf sie zu und umarme sie.

Jetzt umarme ich sie fest und streiche über ihre Haare, die so schwarz sind wie meine. Sie hat doch nichts damit zu tun.

Was ist bloß in mich gefahren?

In mir war so viel Wut, die hinauswollte. Aber nun ist es vorüber. Ich streichle meine Schwester, gebe ihr viele Küsse auf den Hals, und sie lacht wieder. Hat zum Glück schon alles vergessen. Sie sieht mich nicht mehr so panisch an. Meine Schwester ist zwar noch klein, aber stark. Stärker als ich.

»Der Hund, die Katze und der Bär können nicht mehr in meinem Bett bleiben«, sage ich zu ihr, als erzählte ich ihr ein Märchen. »Ich bin dreizehn Jahre alt und muss erwachsen werden.«

Sie steckt einen Finger in den Mund und saugt daran, wie damals, als sie noch ganz klein war, und ich erzähle ihr flüsternd die Geschichte jedes einzelnen Stofftiers, und dabei kitzelt mein Atem ihr Ohr.

Doch eigentlich will ich bloß nicht beobachtet werden. Beobachtet von wem? Von denen. Von meinen Stofftieren. Nicht heute. Von heute an nicht mehr. Ihre Augen starren mich an, und sie wissen Bescheid. Sie stehen dort aufgereiht auf meinem Bett, die Hüter aller meiner Geheimnisse, seit ich ein kleines Kind war.

Ihnen habe ich immer alles erzählt. Diesen treuen und stummen Freunden.

Ich werde niemandem erzählen, was gestern Abend passiert ist. Niemand wird es erfahren. Und *die* müssen schweigen.

Sie aber wissen Bescheid. Der Hund, die Katze, der Löwe. Die beiden Mäuse mit dem herzförmigen Bauch. Der gelbe Bär.

Ich mag sie nicht mehr sehen. Nein, ich muss ehrlich sein: Ich kann sie nicht mehr sehen.

Ich bürste sie sorgfältig und lege sie in eine Tüte. Darüber vergeht der Tag. Das abgerissene Ohr lasse ich so, wie es ist. Ich zögere ein wenig, aber dann lasse ich es so.

Ich mag nichts in Ordnung bringen. Ich weiß nicht, wie das geht. Deshalb lege ich das abgerissene Ohr neben den gelben Bären. Ich nehme auch die Katze aus den Händen meiner Schwester und bringe alles in den Keller.

Dann dusche ich. Ich wasche mich ganz gründlich. Trockne sorgfältig die Kacheln. Meine Mutter sagt nichts. Ich habe einfach beim Mittagessen am Ostersonntag gefehlt. Aber das merkt hier niemand.

Ich hole mein Osterei aus unserem Zimmer und setze mich an den Tisch. Esse alles auf.

Meine Schwester bricht ihr Ei auf, und ich schenke ihr auch das Überraschungsgeschenk aus meinem Ei, eine wie ein Papagei geformte Brosche. Vielleicht verzeiht sie mir so mein Verhalten von heute Morgen.

Mein Vater verlässt das Haus, gleich nachdem er seinen Espresso getrunken hat. Meine Mutter wäscht ab. Ich bleibe am Tisch sitzen, das grüne Papier, in dem das Ei eingewickelt war, vor mir. Mit den Fingern kratze ich noch die Schokoladenkrümel heraus und esse sie. Das tue ich ganz sorgfältig, geduldig und aufmerksam.

»Mama, ich will heute Nachmittag in die Messe, darf ich?«

Ich stehe auf. Sie nickt. Ist schon beim Abwaschen.

Mein Mund ist noch verklebt von der ganzen Schokolade. Doch darunter spüre ich einen anderen Geschmack. Den ich nicht vertreiben kann.

Das Dorf

Seit drei Wochen verlässt Anna das Haus nicht mehr. Seit drei Wochen schläft sie nicht mehr. Ihre Schwester ist unruhig. Sie regt sich über jede Kleinigkeit schrecklich auf. Aurora weint. Ihr Mann schweigt.

Und Anna?

Anna beruhigt alle. Anna übernimmt die Verantwortung für ihre Familie. Und würde gern in Ordnung bringen, was zerbrochen ist.

Wenn ein Spiegel zerbricht, heißt es, das gibt sieben Jahre Pech. Aber dann geht es vorbei, und darauf folgt das achte Jahr. Aber was geschieht, wenn ein Leben zerbricht, das Leben einer Dreizehnjährigen? Was kann man tun? Wird je eine Zeit kommen, in der das Unglück vorüber ist?

»Wir müssen Geduld haben. Ihr werdet schon sehen, das geht vorbei«, sagt Anna zu ihrer Mutter. Und das Gleiche sagt sie ihrer Schwester. Doch sie glaubt nicht daran.

In der Nacht kommt wieder ein Anruf.

Der Pfarrer

Ich renne, das Kinn auf die Brust gesenkt und den Blick auf den Boden gerichtet. Bloß niemandem ins Gesicht sehen. Denn ich bin sicher, dass jeder die Gedanken sehen kann, die sich in meinem Kopf festgefroren haben. Den ganzen Tag kommen sie immer wieder hervor, und ich verjage sie in den hintersten Winkel meines Kopfes. Aber wenn ich aufschaue, werden alle wissen, wozu man mich gezwungen hat. Sie werden sehen, was in der Hütte geschehen ist. Sie werden mich nackt auf diesem Tisch sehen. Sie sehen mich. Sehen alles durch meine Augen. Deshalb renne ich. Mit über der Brust verschränkten Armen.

Ich habe meine Stofftiere in eine Tüte gestopft. Sie liegen jetzt im Keller. Sehen mich nicht mehr an, aber das hat nicht viel geholfen. Ich kann mein Geheimnis nicht für mich behalten. Was ist, wenn ich Domenico wieder begegne? Wenn die mich noch einmal in diese Hütte bringen? Ich muss um Hilfe bitten. Allein schaffe ich es nicht.

Als ich auf die Piazza komme, laufe ich langsamer, um nicht aufzufallen. Aber ich gehe entschlossen vorwärts. Auf das Portal zu.

Die gelb beleuchtete Kirche scheint vor dem dunklen Himmel zu schweben. Wie ein Raumschiff. Ich öffne die Tür: Stille und der samtige Geruch nach Weihrauch kommen mir entgegen. Geblendet von dem Gold und Weiß der Wände bleibe ich auf der Schwelle stehen. Ich hole tief Luft und flehe mein Herz an, nicht so zu rasen.

In den Bänken der ersten Reihe betet eine Gruppe Frauen den Rosenkranz.

»*Ave Maria* ...« Sobald ich es höre, überfällt mich ein Brechreiz. Aber nichts kommt hoch, mein Mund bleibt ausgetrocknet. Mein Magen zieht sich bloß zusammen, und mir steigt der Schokoladengeschmack des Ostereis die Kehle hinauf.

Ich trete ein. Die Tür schlägt hinter mir zu. Eine alte Frau dreht sich um. Ich sehe sie nicht an. Ich suche den Pfarrer.

Da ist er.

»Don Antonio, ich muss mit Ihnen reden.«

»Guten Abend, Anna, wo warst du denn gestern? Man hat mir erzählt, du hättest den Chor verlassen. Und er war dir doch so wichtig.«

»Genau darüber möchte ich mit Ihnen reden, Don Antonio.«

Ich bin ganz ernst. Er schaut sich um.

»Heute ist Ostern, da bin ich sehr beschäftigt. Bald beginnt die Messe, und ich muss mich darauf vorbereiten. Diese Messe ist sehr wichtig«, erklärt er mir.

Die Kirche ist noch fast leer. Im Hauptschiff, einem rechteckigen Raum, kommen die geflüsterten Rosenkranzgebete wie undeutliches Raunen an. Aber in meinem Kopf, in dem alles eingefroren ist, dröhnt es laut und bricht die Blockaden meiner Erinnerung auf.

Domenico. Unsere Stufe. Die Hütte. Die vier. Ihre Gesichter. Ich erinnere mich an die raue Haut, die Behaarung, den

– 47 –

Bart. Ihre dunklen Augen. Den Tisch. An die Muskeln meiner Beine, die zuerst Widerstand leisten und dann nachgeben. An meine angespannten, gefesselten Beine. Meinen reglosen Körper und die Augen, die auf den Boden starren. Das Eis in meinem Kopf explodiert. Eissplitter bohren sich in meine Augen, werden zu Wasser, in meinen Mund, in meinen Magen. Ich krümme mich.

»Es ist aber wichtig, Don Antonio, Sie müssen mich anhören, wenn ich jetzt nicht rede, werde ich es nie mehr schaffen. Es muss jetzt sofort sein.«

Don Antonio setzt sich auf eine Bank. Ich setze mich auch. Lege beide Hände auf die Bank vor mir. Meine Stirn ist eiskalt und die Wangen nass.

»Willst du beichten, meine Tochter? Ist etwas geschehen?« Sein vom Römerkragen zusammengepresster Hals ruht schwer auf dem schwarzen Kragen seines Gewandes. Die zusammengequetschte Haut schiebt sich zu einem hässlichen Fleischlappen voller Bartstoppeln zusammen.

»Nein, Padre, ich möchte nicht beichten, das hier ist keine Beichte. Ich habe nichts getan. Das schwöre ich Ihnen bei Jesus Christus: Ich habe nichts getan, aber ich brauche Hilfe.«

»Rede, Anna, ich höre dir zu.« Und er beugt den Kopf zu mir herunter. Der Fleischlappen wird größer. Die Falte vertieft sich noch. Trotzdem rücke ich näher an ihn heran, damit ich leise sprechen kann.

»Padre, gestern Abend habe ich mich vom Chor weggeschlichen, um mich mit einem jungen Mann zu treffen. Er heißt Domenico Cucinotta. Wir haben uns hier draußen getroffen, und ich bin mit ihm in seinen Wagen eingestiegen. Ja, ich bin eingestiegen, aber ich wusste doch nicht, wohin er mich bringen wollte … in diese Hütte … draußen vor dem Dorf.«

Ich erzähle ihm alles. Flüsternd, mein Kopf ganz nahe an seinem. Ich spreche die Worte deutlich aus. Nenne Vor- und Nachnamen. Ich schäme mich, aber er ist doch Pfarrer, mit ihm kann ich offen reden, er wird mich nicht verurteilen.

Don Antonio schweigt. Er rührt sich nicht. Nickt nicht einmal dazu. Don Antonio wartet ab. Er hält den Kopf geneigt, sodass der Kragen seines Gewands die Haut am Hals zusammenschiebt.

Mein Mund ganz nah an seinem Ohr.

»Ich weiß, dass ich einen Fehler gemacht habe. Ich hätte in der Kirche bleiben sollen, hätte ihm niemals folgen dürfen. Ich weiß, das war dumm von mir, aber ich wusste doch nicht, ich wollte nicht, dass so etwas geschieht … dass die … und jetzt habe ich Angst, es meinem Vater zu erzählen und dass es wieder geschieht. Ich brauche Hilfe. Sie müssen die aufhalten. Vielleicht bestellen Sie die hierher … ich weiß auch nicht …«

»Langsam, Anna. Du kannst hier keinen Riesenskandal heraufbeschwören. Du weißt ja selbst nicht genau, was passiert ist. Du bist sehr aufgeregt. Beruhige dich erst einmal. Das sage ich vor allem zu deinem Besten. Du bist noch so jung.«

Don Antonio steht auf. Endlich entspannt sich sein Hals. Die Haut glättet sich wieder. Er hebt den Kopf, und während er mit mir spricht, sieht er mich an.

»Ich denke, du solltest mit Schwester Mimma sprechen. Über so etwas redet man am besten unter Frauen, vielleicht hast du ja auch missverstanden, was passiert ist. Vielleicht bist du ein bisschen durcheinander. Du darfst dich nicht zu sehr aufregen und musst aufpassen, dass du die Geschehnisse nicht übertreibst, wie Kinder das oft tun, denn du bist noch ein kleines Mädchen«, sagt er zu mir und fährt sich dabei mit dem Zeigefinger zwischen Hals und Römerkragen.

Schweigen.

Was redet er denn da? Ich starre auf seinen Finger, der die Haut glättet.

»Ich spreche dich von deinen Sünden frei ...«

Was sagt er denn da?

In der Kirche hört man leises Raunen. Inzwischen sind die Gläubigen zu Dutzenden eingetroffen. Alle wegen der Ostermesse.

»Sprich drei Ave Maria und ein Mea Culpa und komm diese Woche jeden Nachmittag in die Kirche.«

»Was reden Sie denn da, Don Antonio?«

Er steht auf.

»Ich möchte ... wieder glücklich sein«, sage ich und halte ihn am Arm fest. Er soll sich wieder hinsetzen, mir zuhören und mir helfen.

»Wenn du morgen hierherkommst, sorge ich dafür, dass du mit Schwester Mimma sprechen kannst. Jetzt bleib zum Gottesdienst.«

Er lässt mich stehen.

Ich drehe mich um.

Die Kirche hinter mir ist voller Menschen.

Meine Hände sind wie festgewachsen an der Bank vor mir. Tonnenschwer. Eiskalt. Die Eisfiguren füllen wieder meinen Kopf. Sie haben eine perfekte Ordnung gefunden, wie auf einem dreidimensionalen Bild.

Ich rühre mich nicht.

Die Messe beginnt.

Das Dorf

»Huren, Huren.« Ein Lancia Y10 fährt haarscharf am Bürgersteig entlang. Anna und ihre Schwester sind allein.

Um drei Uhr nachmittags ist kein Mensch in der Via Garibaldi unterwegs.

Der Wagen streift Annas Arm. Der dadurch entstehende Luftzug lähmt sie.

Im Y10 sitzen zwei Frauen. Die Fahrerin tritt auf die Bremse. Der Wagen hält abrupt. Die Frau legt den Rückwärtsgang ein und fährt zurück. Anna umklammert die Hand ihrer Schwester. Ihre andere Hand zittert. Anna versucht, dieses Zittern zu verstecken. Sie schaut auf und richtet den Blick auf das Gesicht der Fahrerin, die neben ihnen angehalten hat.

Anna schweigt. Aber sie starrt die Frau an. Ihre Augen sind unendlich tief, in ihnen liegt ein ganzes Leben.

Die Frau lacht, lässt nicht einmal die Fensterscheibe herunter und tut so, als müsste sie sich vor Ekel übergeben. Die andere auf dem Beifahrersitz lacht heftig. Ein stummes Lachen hinter den geschlossenen Wagenfenstern.

Anna lockert den Griff um die Hand ihrer Schwester. Der Wagen fährt los. Anna gibt der Kleinen einen Kuss und lächelt sie an. Die erwidert das Lächeln.

»Es ist alles in Ordnung«, flüstert Anna ihr zu.

Sie haben den Laden erreicht, wo sie Milch kaufen wollen. Der Wagen hat sich entfernt.

Annas Hand zittert zwar nicht mehr, aber das Zittern ihres Herzens kann sie nicht aufhalten.

Schwester Mimma, die Lumpenpuppe

Ich kauere über einer blauen Plastikschüssel und pinkele hinein. Warme Tropfen spritzen auf meine Beine. Deshalb drücke ich sie noch etwas auseinander, vorsichtig, damit ich nicht hinfalle. Das Gummiband der Unterhose spannt sich und drückt auf die Knöchel. Ich halte den Rock mit den Händen hoch.

»Bist du fertig?«

»Ja, Schwester Mimma.«

Balancierend lasse ich die letzten Tropfen heraus. Schwester Mimma hält mir zwei Blatt Toilettenpapier hin. Ich trockne mich ab und werfe sie in einen Papierkorb. Wir sind in einem kleinen Raum in der Kirche. Nur sie und ich. Dort gibt es einen Schreibtisch und einen großen Schrank, ein Regal mit nach dem Zufallsprinzip hineingestellten Büchern. Und einen Jesus am Kreuz, der mich von einer Wand anblickt. Aber das stört mich nicht. Vor ihm schäme ich mich nicht. Mir ist es wesentlich unangenehmer, dass ich Pipi mache, und das nicht auf der Toilette.

Ich ziehe die Unterhose hoch und lasse den Rock herunter. Dann nehme ich die Schüssel hoch. Ich weiß nicht, wo ich hinsehen soll. Was ich machen soll.

»Ja, sehr gut, stell sie auf den Schreibtisch.«

Schwester Mimma taucht ein graues Stäbchen in die Schüssel. Sie ist weder jung noch alt, hat ein eiförmiges Gesicht und zwei kleine dunkelbraune Augen. Ihr winziger Kopf scheint aus Versehen auf einem so mächtigen Körper gelandet zu sein. Der Kopfschleier fällt ihr schwer über die Schultern. Dieses Tuch auf dem Kopf. *Cap' e pezz'* heißen die Nonnen im Dialekt, als wären sie Vogelscheuchen. Seelenlose Lumpenpuppen. Ich sehe sie an und schweige.

»Don Antonio hat mir gesagt, du hättest Angst, schwanger zu sein.«

»Schwanger?«

»Du hast mit einem älteren Jungen geschlafen?«

»Nein.«

»Du brauchst dich nicht zu schämen, Anna Maria. Aber du darfst so was nie wieder tun. Du bist ein anständiges Mädchen, und eines Tages wirst du heiraten und viele Kinder haben wollen ...«

»Schwester Mimma, hat Ihnen Don Antonio denn nicht erzählt, dass ich das nicht wollte, dass die mich in diese Hütte gebracht haben ...«

»Kinder müssen zum richtigen Zeitpunkt kommen ... sonst sind sie ein Problem.«

Schwester Mimma redet weiter, während sie das Stäbchen aus meinem Pipi zieht.

»Sei so lieb, Anna Maria, schütte das dort in die Toilette. Ich bin fertig. Jetzt müssen wir nur noch etwas warten ...«

Ich bringe die Schüssel zur Toilette, schütte sie ins Becken aus und ziehe an der Spülung. Dann gehe ich zu Schwester Mimma zurück. »Sehr gut, Anna, sehr gut«, lobt sie mich und empfängt mich mit einem Lächeln.

»Ich habe die Schüssel mit Wasser und Seife gereinigt«, sage ich.

»Du bist nicht schwanger. Sehr gut, Anna.« Jetzt lächelt sie zufrieden.

»Wenn man Liebe macht, kriegt man dann Kinder?«, versuche ich zu fragen.

»Anna, es reicht jetzt mit diesen Geschichten.« Ihre Stimme wird wieder ernst. Die kleinen Augen in dem eiförmigen Gesicht weiten sich. »Du bist dreizehn Jahre alt. Was willst du mit deinem Leben anfangen? Es ist noch zu früh, um über Liebe und Kinder zu sprechen.«

»Sie haben doch von Kindern gesprochen.«

»Na selbstverständlich, wir mussten das natürlich sofort überprüfen, denn mit einem Kind wäre es viel komplizierter. Verstehst du?«

»Aber hat Ihnen Don Antonio nicht erzählt …«

»Anna, würdest du gern für eine Weile aus San Martino weggehen? Weißt du, es gibt da Nonnen in Polistena, die haben ein großes Haus, dort sind andere Mädchen wie du. Dort könntest du weiter zur Schule gehen …«

»Aber ich bin doch bald fertig mit der Schule«, unterbreche ich sie.

»Dort kannst du neue Freundschaften schließen und wärst weit weg von solchen Gedanken und gewissen Freunden, die du hier hast.«

Sie nimmt meine Hände und legt einen Rosenkranz hinein. Einen kleinen Rosenkranz mit Perlen aus hellem Holz.

»Anna, meine kleine Anna, den hier schenke ich dir. Du musst jetzt stark sein. Und du bist nicht allein. Ich bin ja da. Und Maria …«

Mein Magen krampft sich zusammen. Ich umklammere den Rosenkranz, und ihre Hände schließen sich um meine

Hände. Die Holzperlen drücken sich schmerzhaft in mein Fleisch.

»Zu Hause hast du nichts erzählt?«

Ich schüttele stumm den Kopf, denn ich habe Angst, dass ich mich übergeben muss, wenn ich den Mund öffne. Dass ich auf den Rosenkranz brechen muss und auf Schwester Mimmas Hände.

»Gut. Gut. Wenn du mit deinen Eltern nicht darüber reden willst, werde ich dein Schweigen respektieren. Ich bin ja beinahe so etwas wie ein Pfarrer. Was du mir sagst, bleibt unter uns. Maria wird uns schon leiten. Und im Lauf der Woche fahren wir zu den Nonnen von Polistena. Um deine Mutter kümmere ich mich, du musst nur ruhig bleiben, und alles wird gut.«

Ich verlasse Schwester Mimma und ihre merkwürdigen wirren Vorstellungen. Dieses ganze Gerede von Kindern, den Nonnen von Polistena, meiner Mutter Lügen zu erzählen. Das Pipi in der Schüssel.

Ich gehe nach Hause. Aber dort bleibe ich nur so lange, bis ich mir die Hose meines Jogginganzugs und die Turnschuhe angezogen habe. Dann nehme ich mein Fahrrad und gehe raus, fahre an der alten Eisenbahnstrecke entlang, die Räder ganz nah an den Gleisen. Die Luft duftet nach Rosmarin und Erde. Hier draußen fühle ich mich wohl. Hier gibt es zwar jede Menge kleiner Fliegen, aber es stört mich nicht, wenn sie mir in die Augen kommen oder an meinen Lippen hängen bleiben. Ich trete in die Pedale, und in meiner Nähe ist niemand. Ich strampele dem Himmel entgegen, der weder weiß noch grau ist. Er wirkt leer, wie abwartend, die Wolken verschwimmen ineinander.

Es ist Frühling. Ein Kind wirft einen Ball immer wieder gegen ein Garagentor. Das Geräusch kommt und geht in meinem leeren Herzen.

Das Dorf

Aurora sitzt im Wagen. Ihr Mann fährt. Bei ihnen ist ihre Schwester Tiziana. Außerdem Anna, ihre Schwester und drei von ihren jüngeren Cousinen. Sie sind zu acht im Auto, zusammengedrängt, die Kleinsten sitzen auf dem Schoß ihrer Mütter. Damit etwas Luft hineinkommt, haben sie die Fenster geöffnet.

In der Via Lo Schiavo, die sie gerade entlangfahren, wollen sie an der Api-Tankstelle ganz in der Nähe der Carabinieri-Kaserne tanken. Ihnen kommt ein grüner Lancia Y10 entgegen. Aurora erkennt schon von Weitem die Frau am Steuer. Es ist eine von denen. Eine von ihren Ehefrauen. Neben ihr sitzt ein Mädchen. Es scheint noch sehr jung zu sein, aber Aurora kennt es nicht.

Der Y10 wird langsamer, und als er an ihrem Wagen vorbeifährt, steckt die Frau den Kopf aus dem Fenster und brüllt mit verzerrtem Mund: »Gesindel, Hurenpack!« Die acht im Wagen schlucken alle. Auch die kleinen Kinder.

An der Kreuzung wendet der Y10. Er fährt zurück zum Wagen der Scarfòs. Überholt ihn und stoppt, sodass Auroras Mann gezwungen ist zu bremsen.

Der Wagen mit den acht Insassen hält abrupt. Alle werden nach vorn geschleudert. Der Y10 fährt wieder an und dann weiter. Jetzt sind sie vor dem Tor der Carabinieri-Kaserne.

Die Überraschung

Drei Tage nachdem ich vor dem Jesus in die Plastikschüssel gepinkelt habe, kommt Schwester Mimma zu uns nach Hause.

»Guten Morgen, Signora Aurora, entschuldigen Sie den überraschenden Besuch. Ist Anna Maria da?«

Ich bin in meinem Zimmer, als ich Schwester Mimmas Stimme höre. Ich bleibe auf meinem Bett liegen und rühre mich nicht. Am liebsten würde ich aufhören zu atmen. Ich reiße die Augen auf, um besser zu verstehen, was sie sagen.

»Bitte, kommen Sie doch herein, Schwester. Sie stören doch nicht. Möchten Sie einen Kaffee?« Meine Mutter ist verlegen und nervös, das merkt man ihrer Stimme an und der Tatsache, dass sie sehr laut und hoch spricht.

»Nein, danke«, sagt Schwester Mimma leise. Ich höre, wie ihr mächtiger Leib unter dem Ordensgewand sich zwischen den Stühlen und dem Tisch in unserer Küche bewegt.

»Was kann ich Ihnen anbieten? Einen schönen frisch gepressten Saft?« Meine Mutter dreht den Wasserhahn zu. Sie setzt sich oder bietet Schwester Mimma einen Platz an. Ich höre nur, wie ein Stuhl vom Tisch abgerückt wird.

»Nein, nein, machen Sie sich keine Umstände. Geben Sie mir ein Glas Wasser, und ich setze mich einen Augenblick.«

Ich komme aus meinem Zimmer, während sich Schwester

Mimma auf den Stuhl am Kopfende des Tisches fallen lässt, wo sonst nur mein Vater sitzt.

»Guten Tag.« Ich bin noch in Schlafanzug und Pantoffeln.

»Anna, gut, dass du da bist, ich brauche dich in der Kirche«, sagt Schwester Mimma und zwinkert mir unmerklich zu.

Meine Mutter stellt ihr ein volles Glas Wasser hin, setzt sich neben die Nonne und bedeutet mir, ich soll mich ebenfalls setzen.

»Setz dich Anna«, sagt sie dann noch.

Ich komme näher und nehme Platz.

»Signora Aurora, ich bin hier, weil ich Sie fragen wollte, ob ich Ihnen Anna Maria heute für den ganzen Nachmittag entführen darf. Ich brauche sie in der Kirche. Sie soll mir einige Einladungskarten für den Chor schreiben. Ihre Schrift ist so schön, sauber und ordentlich ...« Sie tut so, als würde sie einen Schluck trinken.

»Aber sicher, das ist doch gar kein Problem. Anna, geh und zieh dich an. Los, mach schon.« Meine Mutter stellt keine Fragen.

Schwester Mimma wirft mir ein verschwörerisches Lächeln zu.

Ich lasse den Kopf auf den Tisch sinken, bis meine Stirn die Plastikdecke berührt. Ich schnaube vernehmlich. Aber ich glaube nicht, dass sie es hören.

»Was hast du? Bist du bockig? Los, beweg dich!« Meine Mutter gibt mir zwei Klapse auf die Ellenbogen. Ich stehe auf und schlurfe in mein Zimmer zurück, um mir Hosen und T-Shirt anzuziehen.

»Schwester Mimma, ich mache mir solche Sorgen um dieses Mädchen, sie hat zu gar nichts Lust. Jetzt, wo die Schule zu Ende geht, will sie nicht woanders weiterlernen, aber arbeiten gehen will sie auch nicht. Zum Glück mag sie den Chor und die Kirche sehr ...«

Ich ziehe mich an und komme wieder in die Küche.

»Ich bin fertig, gehen wir.«

»Vielleicht wird es ein wenig später, Signora Aurora«, meint Schwester Mimma von der Tür aus. Meine Mutter ergeht sich in Lächeln und Dankesbezeugungen.

Ich weiß genau, dass es nicht in die Kirche geht, sondern nach Polistena, aber ich will nicht dorthin.

Wir biegen um die Ecke und erreichen die Piazza. Dort steht ein blauer Fiat Punto.

Schwester Mimma schließt den Wagen auf und setzt sich ans Steuer. Sie öffnet mir die Tür und winkt mir, dass ich einsteigen soll.

»Schwester Mimma ...«

»Ja, Anna?«

»Warum haben Sie meiner Mutter nicht erzählt, dass wir nach Polistena fahren?«

»Weil ich sie nicht beunruhigen wollte; ich wollte nicht, dass sie sich Sorgen macht. Du hast ihr nichts von dem erzählt, was geschehen ist. Wir fahren jetzt nach Polistena und reden mit den Schwestern dort. Wenn es dir gefällt und du dort bleiben möchtest, übernehme ich das mit deiner Mutter. Ich sage ihr, es ginge nur darum, dass du etwas lernst. Du wirst schon sehen, es ist leichter, als du glaubst.«

Schwester Mimma wiederholt ständig dieses »was geschehen ist«, ohne mehr hinzuzufügen.

Ich rutsche auf dem Sitz hin und her und sage die ganze

Fahrt über kein Wort. Ich versuche nachzudenken. Weiß nicht, was ich tun soll.

Wieder bereue ich es, in einen Wagen gestiegen zu sein.

Das Dorf

Anna wartet jeden Tag darauf, dass es Nacht wird. Aber die Nacht macht ihr Angst, weil in der Dunkelheit Geräusche durch die Luft schwirren und in ihrem Kopf entstehen. Sie liegt ausgestreckt im Bett, die Hände zu Fäusten geballt. Sie lauscht der Nacht. Sie hält Wache. Sie hat stark abgenommen, wiegt nur noch vierzig Kilo. Vielleicht sogar noch weniger, aber das weiß sie nicht, denn es gibt keine Waage im Haus. Jede Nacht im Bett Wache zu halten ist anstrengend. Aber immer noch besser als einschlafen.

Seit einiger Zeit sind die Eisfiguren verschwunden. Wohin auch immer. Es gibt nur einen einzigen Weg, wie Anna weiterleben kann, nämlich ihre Gefühle zu vergessen. Zu vergessen, was geschehen ist. Und wo.

Sie erinnert sich an jedes Wort. Die Empfindungen hat sie jedoch ausgelöscht. Das Grauen und den Schmerz beim ersten Mal. Die Angst, die Zweifel, den Ekel und auch die Angst bei all den anderen Malen. Sie ist stark geworden, weil sie innerlich leer ist. Sie hat beschlossen, wie in Agonie zu leben. Sie hat beschlossen, die Nacht zu erwarten, und sie weiß nie, ob wohl nur ein Tag endet oder ob es das Ende aller Tage ist.

So hat sie ihre Eisfiguren immer tiefer verdrängt.

Aber die Kälte ... die konnte sie nicht vertreiben. Die ist immer noch da.

Sie schläft nicht. Wenn sie einschläft, werden aus Geräuschen Albträume. Sie bleibt lieber wach, als wäre sie im Sand eingegraben. Aufrecht stehend, nur den Kopf draußen. Sie steckt fest. Drinnen die Kälte und draußen die Drohungen. Alle reden durcheinander. Der Lärm ist unerträglich. Zischende Stimmen.

Das Internat von Polistena

Schwester Mimma parkt den blauen Fiat Punto vor einem hohen Tor. Sie hat abrupt und ungeschickt abgebremst, aber so fährt sie eben. Hinter dem Tor sieht man ein Haus. Als man mir etwas von einem Internat erzählte, habe ich sofort an ein englisches Herrenhaus gedacht, mit Rasen und einem moosbewachsenen Dach. Man hat mir etwas von einer Villa erzählt. Stattdessen ist es ein ganz normales vierstöckiges Gebäude mit schmiedeeisernen Balkonen und Fenstern. Es sieht nicht aus wie ein Internat, eher wie ein Wohnhaus.

»Anna, ich habe schon mit der Leiterin gesprochen, aber ich muss ihr einige Dinge erklären. Jetzt gehen wir mal rein, und du kannst dich ein wenig umschauen, so bekommst du einen Eindruck. Hier kannst du zusammen mit Mädchen in deinem Alter wohnen und lernen, und vor allem gibt es keine Männer, du bist also in Sicherheit.«

Schwester Mimma schließt den Punto ab. Eine Möwe kreist im Tiefflug über uns und schreit. Aber wir sind doch gar nicht am Meer. Ich muss mich geirrt haben. Vielleicht ist es gar keine Möwe.

Wir betreten das Haus gemeinsam, aber dann trennen wir uns sofort. Schwester Mimma geht in einen Raum am Ende des Flurs im ersten Stock. Ich gehe mit einer anderen Schwester in den zweiten Stock.

Es fühlt sich merkwürdig an, hier zu sein. Die Wände sind weiß, in die Ecken sind kleine Blümchen gemalt. Es riecht nach Ajax. Irgendjemand spielt Klavier. Na ja, es ist nicht gerade eine Melodie. Nur zwei Noten, die wiederholt werden und dann in einer anderen Tonlage. Das ist keine Melodie, es klingt eher wie Wassertropfen.

»Wir haben ein Musikzimmer«, sagt die Schwester, die mich begleitet und bemerkt hat, dass die sich wiederholenden Noten mich fesseln.

»Ich kann kein Instrument spielen, aber ich singe«, versuche ich gut dazustehen.

»Sehr schön. Das ist ein guter Anfang. Keine kann ein Instrument spielen, wenn sie hier ankommt, aber das lernt man. Hier lernt man viele Dinge. Man lernt, sein Leben zu ändern und bestimmte Fehler nicht mehr zu begehen. Man findet hier seinen eigenen Weg«, sagt sie lächelnd.

»Sind Sie eine Nonne, so wie Schwester Mimma?«

»Aber sicher, Liebes, sicher.« Sie lächelt weiter.

»Aber Sie tragen ja gar keine Tracht und keine Haube.«

Die Frau, der mich Schwester Mimma anvertraut hat, trägt einen blauen Rock, eine weiße Bluse und einen grauen Pullover. Kurze gelockte Haare und eine Brille mit schmalen, ovalen Gläsern. Auf meine Bemerkung lächelt sie nur wieder. Sie begleitet mich in die Räume des Schlafbereichs. Sie geht vor mir her, ich folge ihr in einem Schritt Abstand. Zimmer mit Betten, Nachttischen und Kleiderschränken. Schlicht, ordentlich. Ein Mädchen putzt gerade. Ich kann sie kaum erkennen. Sechzehn oder siebzehn Jahre alt, mit blonden Haaren, die zu einem kleinen Pferdeschwanz zusammengefasst sind. Ich würde mich gerne mit ihr unterhalten, aber die Schwester ist

schon weiter ganz am Ende des Flurs. Ich verlasse den Schlaf-
saal und folge wieder schweigend der Schwester im Pullover
und ohne Haube.

Wir gehen in den Speisesaal. In der Mitte steht ein großer
Tisch, den zwei Mädchen um die zwanzig decken. Beide bemerken mich. Ich bleibe in der Tür stehen. Eine der beiden
winkt grüßend zu mir hinüber.

»Hallo, ich bin Anna Maria«, sage ich automatisch.

»Isst du mit uns, Anna Maria? Soll ich noch ein Gedeck
auflegen?«, fragt das Mädchen, das mir zugewinkt hat, und
schaut mir direkt in die Augen.

»Nein. Ich glaube nicht.« Ich blicke zu der Schwester ohne
Schwesterntracht hinüber. Und hoffe ein bisschen, dass sie
mir widerspricht.

»Nein, nein, Mina, Anna ist nur zu Besuch.«
Das Mädchen zuckt mit den Schultern und deckt weiter
auf.

Hier herrscht eine große Ruhe. Die Mädchen sind zwar älter als ich, aber ich finde sie nett.

»Und hier kann ich lernen?«, frage ich die Schwester, während wir in den ersten Stock zurückgehen.

»Sicher. Wir haben auch einen Klassenraum für den Unterricht. Aber jetzt gehen wir besser, ich glaube, Schwester
Mimma hat ihr Gespräch mit der Oberin beendet. Ich bringe
dich zu ihr. Hat es dir hier gefallen?«

»Sehr.«

»Braves Mädchen.«

Die Schwester lächelt mich auch mit den Augen an und
bringt mich in den ersten Stock zurück.

Wir bleiben vor der Tür stehen, hinter der Schwester

– 64 –

Mimma bei unserer Ankunft verschwunden ist. Die Schwester im grauen Pullover geht hinein und gibt mir ein Zeichen, zu warten, während sie die Tür hinter sich nicht ganz zuzieht. Ich lehne mich an die Wand. Weiß nicht, was ich davon halten soll. Es ist alles so neu für mich.

Was soll ich denn meiner Mutter sagen, wenn ich mich entscheide, hierhin zu gehen? Doch die Vorstellung, eine Weile aus San Martino weg zu sein, gefällt mir. Es ist eine Chance. Mir gefallen die Zimmer mit den Betten und Nachttischchen, und auch das Mädchen im Speisesaal. Wir könnten Freundinnen werden.

»Aber das Mädchen ist erst dreizehn.« Schwester Mimma klingt aufgeregt.

Ich nähere mich der angelehnten Tür, halte mich aber dicht an der Wand, damit ich nicht gesehen werde und um schnell einen Schritt zur Seite machen zu können, wenn jemand herauskommt oder hineinwill.

Schwester Mimma sitzt mit dem Rücken zu mir vor dem Schreibtisch. Ihr gegenüber sitzt eine Frau, aber ich kann sie nicht genau erkennen, denn hinter ihr befindet sich ein Fenster, und deshalb sehe ich im Gegenlicht nur ihre Silhouette.

»Schwester Mimma, Sie verstehen doch, dass wir hier ausschließlich junge Mädchen haben. Ihres ist keine Jungfrau mehr, und das könnte zu Problemen führen, sie könnte Störungen im Haus verursachen. Wir sind eine kleine Gemeinschaft, in einem kleinen Ort, ich muss meine Mädchen beschützen. Für eine wie Ihre Anna wäre Lucera wohl angezeigter.«

»Aber Lucera ist weit weg, und wir können Anna nicht aus Kalabrien fortschaffen und sie zu sehr von ihren Eltern, von ihrer Familie trennen, das könnte ein Schock für sie sein. Eigentlich ist es nur einmal vorgefallen, und das Mädchen ist nicht schwanger geworden, ich habe selbst den Test gemacht. Sofort.«

»Sie ist keine Jungfrau mehr«, wiederholt die Silhouette im Fenster und bekreuzigt sich.

Sie redet über mich.

Instinktiv schaue ich nach oben, um nachzusehen, ob ich einen Heiligenschein habe, ob ich Jungfrau bin, wie die Jungfrau Maria.

Schwester Mimma kommt kurz darauf aus dem Zimmer. Ich kann gerade noch von der Tür wegtreten. Aber sie achtet gar nicht darauf.

»Anna, Liebes, gehen wir.« Sie packt mich am Handgelenk, und wir verlassen hastig das Internat. Stumm steigen wir ins Auto. Aber ich möchte es doch verstehen.

»Schwester Mimma, was bedeutet es, dass ich keine Jungfrau mehr bin?«

Sie schaut mich an. Ihre Hände umklammern das Lenkrad.

»Anna, was sagst du denn da? Jetzt fang du bitte nicht auch noch an.«

»Aber ich …«

Ich sage nichts mehr. Und sie auch nicht. Sie starrt wortlos auf die Straße. Also versuche ich es noch einmal.

»Wissen Sie, Schwester Mimma, das Internat hat mir sehr gut gefallen, es gibt auch ein Musikzimmer, und die Mädchen scheinen sehr nett zu sein. Wann könnte ich dorthin? Wie lange soll ich bleiben? Können mich meine Mutter und meine Schwester besuchen kommen? Und kann ich nach Hause zurück, wenn ich will?«

»Anna, im Internat war kein Platz mehr frei. Für dieses Jahr ist alles voll, und es war sowieso keine gute Lösung für dich. Du bist zu jung.«

Schwester Mimma fährt jetzt viel schneller als auf dem Hinweg. Und sie schaltet ständig rauf und runter, auch wenn vor uns niemand ist.

Die Straße ist völlig leer. Heute ist wirklich Frühling, mit dieser Sonne, dem frischen, intensiven Grün der Bäume. Weiße Wolken, wie prall gefüllte Kissen. Ich schweige und begnüge mich damit, aus dem Seitenfenster zu sehen, wo sich die Farben in meinen Augen mischen. Mir wird ein wenig übel davon.

Als wir zu Hause ankommen, verabschiede ich mich wortlos von Schwester Mimma. Ich möchte so gerne wissen, was ich mit der Jungfrau Maria gemein habe, aber diese Frage sollte ich meiner Mutter wohl lieber nicht stellen.

Schwester Mimma ist nicht mehr zu mir nach Hause gekommen. Ich bin nicht mehr in die Kirche gegangen. Und ins Internat nach Polistena bin ich auch niemals gegangen.

Ich bin keine Jungfrau mehr.

Ich habe mir von meiner Tante erklären lassen, was das bedeutet, da Schwester Mimma sich geweigert hat.

Jetzt habe ich verstanden. Das war also das Blut. Die haben mich nicht verletzt. Zumindest nicht äußerlich.

Das Dorf

Wenn Anna doch nur weinen könnte. Aber die Tränen bleiben ihr in der Kehle stecken. Sie steigen nicht hoch zu den Augen, die trocken durch das Fenster auf das Dorf blicken.

San Martino ist das einzige Zuhause, das sie kennt, und sie kann ihr Zuhause nicht verlassen.

Jeder andere an ihrer Stelle wäre geflüchtet. Jede andere Frau hätte diese Straßen nicht mehr sehen wollen, ihre Autos, die Lieferwagen, ihre Gesichter.

Jede andere Frau wäre aus dem Dorf und vor ihrer Vergangenheit geflüchtet.

Doch Anna Maria hat nicht die Kraft, von einem anderen Ort zu träumen, und gibt sich mit dem Hier zufrieden. Auch wenn es wehtut, wenn jede Straße ein Mahnmal ihrer Angst ist.

Die Stickerei

*I*ch halte den Stoff gegen die Sonne. Das Gewebe ist so dünn, dass das Licht hindurchscheint.

Vor drei Tagen, auf dem Rückweg von der Schule, habe ich Domenico Iannello getroffen. Er hat mich angehalten und mich nach meiner Handynummer gefragt. Ich habe ihm gesagt, dass ich kein eigenes Telefon habe.

»Ich finde dich auch so«, hat er gesagt, und dann hat er laut gelacht.

»Und wenn du mich findest, was willst du dann tun?« Am liebsten hätte ich ihm das Gesicht zerbissen.

»Annare', jetzt hab dich nicht so, wir wollen nur ein bisschen spielen, wie beim letzten Mal dort draußen. Wir hatten doch alle unseren Spaß, nicht wahr? Du doch auch.«

Ich war nicht in der Lage, ihm zu antworten. Ich bin weggelaufen. Als Letztes habe ich ihn noch etwas rufen gehört, aber ich konnte kein Wort verstehen.

Seit drei Tagen gehe ich nicht mehr zur Schule. Aber morgen muss ich wieder hin.

Meine Eltern sagen nichts. Ich mache mich zu Hause nützlich. Heute ist eine meiner Mitschülerinnen vorbeigekommen, um mir auszurichten, dass meine Italienischlehrerin gefragt hat, was mit mir ist. In einer Woche schreiben wir die Prüfungen.

– 69 –

Morgen muss ich unbedingt wieder zur Schule gehen.

Der Stoff meiner Stickarbeit ist lose gewebt. So kann ich im Gegenlicht die Fäden zählen. Ich habe mir nichts vorgezeichnet. Ich möchte einen Pfirsichbaum sticken, mit rosa Blüten, und darunter ein Mädchen, das stickt. Ich arbeite ohne Vorlage. Ich habe einen guten Blick für Proportionen.

Dreiunddreißig, vierunddreißig … sechsund… Ich zähle im Kopf die Stiche, die ich benötige, um mit rosa und grünen Fäden die Baumkrone zu sticken. Zwölf, sechzehn … zwanzig. Ich zähle die Fäden, die einige Zentimeter Stoff ausmachen, um mir darüber klar zu werden, wie viele Stiche ich wohl pro Zentimeter brauche.

Sticken beruhigt mich. Wenn ich zähle, denke ich nicht. Ich beginne immer in der Mitte der Handarbeit und fange jetzt mit Grün an. Rosa und die anderen Farben kommen später dazu. Kreuzstich. Ich beginne damit, dass ich zwei nebeneinanderliegende Fäden aus dem Gewebe ziehe, und dann säume ich den Rand mit kleinen, ganz engen Stichen.

Ich zähle und ziehe dabei die Stiche fest.

Es stimmt nicht, dass ich kein Handy habe. Und es stimmt auch nicht, dass ich Iannello meine Nummer nicht gegeben habe. Ich habe sie ihm gegeben. Und er hat mich heute Morgen angerufen.

»Annarella, morgen gehst du zur Schule, und nach dem Unterricht treffen wir uns.«

Ich habe ihm meine Nummer gegeben, und als er mich angerufen hat, habe ich ja gesagt.

Ich werde ihn morgen nach der Schule treffen.

Ich sitze in meinem Bett, im Schneidersitz, den Rücken gegen die Wand gelehnt, und ziehe die Stiche fest. Immer fester.

Immer enger. Immer dichter. Mit Grün bin ich fertig, jetzt nehme ich Rosa. Das Zimmer ist von Licht durchflutet. Ich hebe den Stoff hoch, um die Stiche zu überprüfen, und das Licht dringt durch das Gewebe und blendet mich. Ich weiß nicht, wie ich mich wehren soll.

Ich weiß nicht, was ich tun soll.

Morgen muss ich das Haus verlassen.

Das Dorf

Wenn sie das Haus verlassen müssen, gehen sie mittlerweile nur noch alle zusammen nach draußen. Damit der eine auf die anderen aufpassen kann. Damit jeder den, der neben ihm geht, beschützen kann. Allein haben sie nicht die Kraft, über die Schwelle des Hauses zu treten, und sie möchten auch nicht zu zweit ausgehen und dann die anderen beiden zu Hause wissen.

Die Familie bildet eine Einheit. Die Familie Scarfò ist im Laden, um einzukaufen. Das Auto parkt direkt vor der Tür. Aurora hält die jüngere Tochter an der Hand. Der Vater ist schon an der Kasse. Anna kommt heraus, um den Wagen aufzuschließen. Sie bewegen sich wie Arbeiter am Fließband. In perfekter Harmonie. Absolut synchron. Jeder hat seine Aufgabe. Sie haben ihre Abläufe aufeinander abgestimmt. Aber alles lässt sich nicht vorausberechnen.

Anna steht auf dem Bürgersteig zwischen der Ladentür und dem Wagen, ihre Familie nur wenige Meter entfernt. Ein Fahrzeug bremst vor ihr ab.

»Hure, schmutziges Ding. *Malanova mu ti imbatti.* Hure, Schlampe.«

Aurora, ihr Mann und die Kleine eilen nach draußen. Stellen sich um Anna. Das Auto ist bereits weggefahren.

»Malanova …« Unglücksbote, Unheilbringerin … verfluchtes Geschöpf, so nennen sie Anna Maria.

Die Beschimpfungen bleiben in Annas Brust eingebrannt. Sie schmerzen.

Christus am einen Ortsende, die Madonna am anderen

Wenn ich die Gesichter beschreiben soll, gelingt mir das nicht. Ich weiß nicht warum. Eigentlich habe ich ein sehr gutes Gedächtnis. Ich erinnere mich an alles, immer. Aber diese Gesichter sind wie schwarze Schatten. Ich erinnere mich an die Körperhaare. Die grobporige, schweißnasse Haut. Die schwarzen Haare. Die stumpfen Blicke. Ich erinnere mich an alles, aber nicht an die Gesichter.

Wer sind also meine gesichtslosen Gespenster?

Es sind LKW-Fahrer, Arbeiter, ganz normale junge Männer. Sie sind alle verheiratet oder verlobt. Und die Verlobten haben alle schon den Termin in der Kirche vorgemerkt und das Restaurant für die Hochzeitsfeier reserviert, für den Tag, an dem groß gefeiert wird. Meine Gespenster haben eine Arbeit, ein Leben, eine Frau.

Das sind die vier von der Hütte. Ehrenwerte Männer aus dem Dorf, die am Sonntag am Arm ihrer Verlobten in die Kirche gehen und die Osternacht mit mir verbracht haben.

Domenico Cucinotta ist 1999 zwanzig Jahre alt und arbeitet bei seinem Vater in der Ziegelei von Rendo. Domenico Cutrupi ist ein Jahr älter und Fernfahrer. Im Sommer transportiert er Tomaten und im Winter auch schon mal Eisen und Zement. Cucinotta hat einen grünen Lancia Y10, Cutrupi einen schwarzen Lancia Thema, der immer tipptopp glänzt.

Und er ist sogar verheiratet. Auch Domenico Iannello hat eine Frau und ist Fernfahrer. Er ist der Älteste. Dreiundzwanzig Jahre. Michele Iannello ist der Netteste, er ist verlobt.

Wenn Sie ihnen auf der Straße begegnen würden, würden sie Ihnen nicht weiter auffallen. Familienväter. Arbeiter. Arbeitstiere.

Warum haben sie sich mich ausgesucht?

Wozu brauchen sie mich?

Wozu die Hütte?

Ich weiß es nicht. Ihnen kommt das ganz normal, ganz selbstverständlich vor. Sie würden es nicht einmal als Zeitvertreib bezeichnen. Nicht nur jedenfalls. Es ist ein Spiel unter ihnen, ein Geheimnis in einem so kleinen Dorf, wo jeder über jeden Bescheid weiß.

Sie bekommen einen Adrenalinkick, eben weil es ein Geheimnis ist, der Reiz des Verbotenen, das Schweigen unter Komplizen, das alles, was sie tun, umgibt.

* * *

Ich komme aus der Schule. In einer Woche habe ich die Abschlussprüfungen. Ich lehne an der Außenmauer der Schule und warte auf Cucinotta und Iannello.

Warum warte ich auf sie?

Die Osternacht und die Sache in der Hütte ist jetzt einen Monat her. Vor ein paar Tagen habe ich sie auf der Straße getroffen. Domenico Cucinotta. Die Iannello-Brüder. Cutrupi. Sie fahren immer gemeinsam im Auto durch die Gegend. Sie halten auf dem Platz, starren mich an und versuchen, mich anzurufen. Ich spüre ihre Augen auf mir. Das Dorf: fünfzig Straßen, hundert Häuser. Die Eisenbahnschienen. Der Platz. Die Kirche. Ein Laden. Eine Bar. Christus am einen Ortsende, die Madonna am anderen, damit werden die Grenzen abgesteckt. Meine Familie. Und die.

Wohin soll ich gehen? Wohin?

Also warte ich.

Ich sehe einen blauen Lancia Thema kommen, das ist der Wagen von Michele Iannello.

Das Dorf

»Scheißhure«, zischt jemand wie eine Schlange. Die Frau geht unter dem Fenster vorbei. Anna schließt schnell die Läden und setzt sich dann wieder aufs Bett.

Szzzzzz …

Ein gelbes Auge geht auf und zu. Die Lippen sind feucht und zusammengepresst.

Die Frau verschwindet.

Der Stall

*H*ier drunter kann ich nicht atmen. Ich bekomme keine Luft. Ich versuche, mich aufzusetzen.

»Sei brav, bleib hocken.«

»Ich muss atmen!« Diesmal schreie ich und schlage mit der rechten Faust zu. Ich versuche erneut, mich aufzurichten.

»Brav, Annarella, brav.« Eine Hand klopft mir auf den Rücken. Ein kurzer, knapper Schlag, dem ich nichts entgegenzusetzen habe. Also kauere ich mich zusammen, die Ellenbogen auf den Boden gestützt und die Knie an die Brust gezogen. Ich neige den Kopf zur Seite und hebe die schwarze Jacke, die sie über mich geworfen haben, ein bisschen hoch, damit Luft rein kann. Eine Hand drückt mich fest nach unten. Sie lastet so schwer auf mir, dass ich mich nicht mehr wehre. Ich lege die Wange auf die Fußmatte des Wagens. Sie stinkt nicht, obwohl ich kleine Steinchen oder Krümel spüre, die sich in meine Haut bohren.

Sie reden nicht. Das Auto fährt. Ich höre, wie der Straßenbelag unter den Rädern wechselt. Ich liege so dicht über dem Boden, dass ich merke, wie der staubbedeckte Asphalt zu Erde und Kies wird. Wir sind wieder außerhalb des Dorfes. Ich folge mit dem Körper den Kurven und halte mich nicht fest, wenn abrupt gebremst wird, sodass ich gegen die Sitze und zurück geschleudert werde.

Als sie zur Schule kamen, haben sie mich aufgefordert, mit ihnen einen Ausflug zu machen und hinten einzusteigen. Aber ich durfte mich nicht normal reinsetzen. Sie haben mir gesagt, ich soll mich zwischen Vorder- und Rücksitz hinlegen, und dann haben sie ihre Jacken über mich geworfen.

Im Wagen sitzen Domenico Iannello und sein Bruder Michele. Ein weiteres Auto mit Cucinotta und Cutrupi folgt uns.

Die.

Der Wagen hält an. Ich glaube, wir haben die Hütte erreicht.

»Anna, kommst du? Wann musst du wieder zu Hause sein?« Ich höre, dass jemand etwas zu mir sagt, aber ich bin immer noch unter den Jacken und kann nicht erkennen, wer mich das fragt. Schließlich ziehen sie mich hoch, und ich atme tief durch. Das Licht blendet mich. Mir ist schlecht, fast so schlimm, als wäre ich seekrank.

»Nicht … nicht so spät. Nicht allzu lange, sonst wird meine Mutter …«

Ich bin jetzt draußen, und wir sind nicht bei der Hütte. Das Auto steht auf einem kleinen asphaltierten Platz vor einem großen Gebäude aus roten Ziegelsteinen. Es wirkt wie ein ehemaliger Stall. Ich schaue mich um. Ich sehe landwirtschaftliche Gerätschaften, Körbe, Ziegel. An den Wänden große Streifen von roter Farbe. Sie ergeben keinen Sinn, kein Bild. Einfach zufällige Pinselstriche.

Ich drehe mich um die eigene Achse, um zu begreifen, wo ich bin. Drehe mich weiter und sehe mich weiter um. Der Geruch von Heu kitzelt meine Nase.

Sie sind in den Stall gegangen und reden. Ich könnte weglaufen. Sie haben mich allein gelassen. Aber sobald ich nur daran denke, hat mich Cucinotta schon am Arm gepackt.

»Los, gehen wir.« Iannello kommt und wirft eine Bierdose zu mir rüber. Ich hebe sie auf. Mein ganzer Rock ist nass geworden.

»Trink, Annare'. Trink, dann wirst du fröhlicher.« Er lacht und trinkt mit laut glucksenden Schlucken Bier aus einer Dose, die er sich über seinen Mund hält.

Lachend lassen sie die Dosen herumgehen. Ich hebe meine wieder auf. Der ganze Rand ist voller Sand, und ich habe keine Lust, daraus zu trinken. Ich starre auf die Dose und den Sand. Meine Bewegungen sind langsam. Ich zupfe die biergetränkten Körnchen eins nach dem anderen ab.

Eine Hand packt mich an den Haaren. Sie gleitet hinter meinen Kopf, zerrt mich an den Haaren. Die Dose in meiner Hand fliegt in hohem Bogen davon.

»Jetzt trink, Annarella.« Das Bier landet in meinem Mund, in der Kehle, in der Nase. Ich atme süßliche Bläschen ein, versuche auszuweichen. Ich möchte mich befreien. Das eiskalte Bier läuft an meinem Hals hinab.

»Zieh dir diese Bluse aus, siehst du nicht, dass sie feucht ist?«

Es geht los. Die fangen jetzt wieder an.

»Und nicht nur da ist die hübsche Signorina feucht.«

»Und ob du feucht bist, Annarella.«

Die fangen wieder an.

»Das gefällt dir doch auch, wenn wir spielen.«

Sie lachen.

»So wirst du erwachsen …«

»O ja, und ob ihr das gefällt. Das gefällt der kleinen Hure …«

Ich öffne den Mund, um zu atmen. Cutrupi tut etwas, dass

– 78 –

ich keine Luft bekomme. Ich knie auf dem Boden. Sie ziehen mir die Bluse aus. Und ich reiße den Mund auf. Die Hand in meinen Haaren führt den Kopf.

Ich presse die Lippen zusammen. Und meine Augen schreien.

Ich schwanke wie betäubt. Ich bekomme keine Luft. Mein Mund ist voll.

»Nein. Nein.«

Die fangen wieder an.

Und ich will mich nicht erinnern.

Ich kann mich losreißen und schreien. Ich kauere mich zusammen und weiche zwei Schritte zurück. Cucinotta ist hinter mir. Er steht mit heruntergelassenen Hosen da.

Ich denke nichts. Ich fühle nichts. Ich sehe nichts. Ich bin nichts mehr.

»Jetzt mach schon Schluss, dann bin ich dran. Mach Schluss.« Und er kippt mir Bier über den Kopf.

»Nein. Nein …«

Ich weiß nicht einmal mehr, ob ich das sage, denke oder schreie. Aber ich glaube, dass ich es geschrien habe, denn sie antworten darauf.

»Nein was? Nein was?«

Ich fliehe.

Sie holen mich zurück.

»Wenn du nein sagst, schlagen wir dich tot. Wir treten auf dich ein, du läufige Hündin, und dann bringen wir dich so zu deinem Vater. So wie du jetzt bist.« Ein Fuß erhebt sich gegen mich. Ich liege übergossen mit Bier auf dem Boden. Und der Fuß hält an. Ich sehe die Sohle ganz nah vor meinem Mund. Ich schließe die Augen und presse die Lippen zusammen.

Sie heben mich hoch. Legen mich auf den Kofferraum des Wagens.

Ich bin eine Hündin. Ich bin eine Hündin, und deshalb knurre ich. Ich beiße. Ich laufe davon.

Ich kämpfe. Gott allein weiß, wie sehr ich kämpfe. Aber mein Mund ist schon wieder voll. Ich will nicht schlucken, aber weil mein Kopf gegen den Kofferraumdeckel gepresst wird und meine Beine gespreizt werden, kann ich mich nicht bewegen und schlucke doch. Dreck und Wut. Ich schlucke sie runter.

Die Wände des Stalls weinen blutige Tränen.

»Du bist gut, Annarella, du bist eine brave Sau«, flüstern sie.

Ich will nichts hören.

Sie sind in mir. Und ich kann nicht anders, als sie zu spüren. Ihre Hände auf meinem Busen. Sie pressen ihn zusammen. Ihre Bäuche auf meinem Bauch.

»So eine brave, kleine Hure ... schau, wie du da reinkommst.«

»Eng und klein ist sie. Das gefällt dir, hey ... Annarella. Jetzt lächle doch. Wenn man Liebe macht, darf man nicht traurig sein.« In mir, auf mir ist jetzt Michele Iannello. Er streichelt mein Gesicht und spricht ganz nah mit mir, seine Lippen berühren meinen Mund, meine Augen, mein Ohr. Und ein Schauer überzieht mich. Er spricht ganz leise.

»Du musst lächeln, denn das ist etwas Schönes, und jeder liebt es.«

Die anderen hören ihn nicht.

Ich öffne die Augen. Er ist nicht brutal. Er spricht ganz leise.

Ich erinnere mich nicht, wie lange wir im Stall geblieben sind. Ehe wir gehen, darf ich mich am Brunnen säubern, damit ich mir den Biergestank abwaschen kann.

»Was habt ihr mit mir gemacht?« Ich schaue ihnen in die Augen.

Keine Antwort.

Wir steigen ins Auto. Wieder sagen sie mir, dass ich mich zwischen die Sitze kauern soll, und werfen die Jacken über mich. Jetzt bin ich froh, dass es dunkel ist. Und ich wehre mich nicht.

Mir tut der Mund weh. Ich gehe nach Hause.

Am nächsten Morgen macht meine Mutter sich Sorgen, weil ich dunkle, richtig schwarze Augenringe habe.

Sie sieht auch den blauen Fleck an meinem Arm. Aber ich sage ihr, dass ich mit dem Fahrrad gegen eine Mauer geprallt bin, und sie stellt keine weiteren Fragen.

Ich sage ihr, dass ich Bauchweh habe und mich fiebrig fühle, aber zur Schule gehe ich trotzdem, weil ich ja bald die Prüfungen habe. Ich kann es kaum erwarten, dass endlich die Prüfungen sind, dann ist die Schule vorbei, und ich muss nicht mehr das Haus verlassen.

Beim ersten Mal war es die Hütte.

Jetzt der Stall.

Seit Tagen schalte ich schon nicht mehr das Radio ein. Ich suche in meinem Kopf nach einem Lied. Jetzt sehne ich mich nach einer romantischen Melodie. Doch mein Kopf ist leer. Und ich friere auch die neuen Erinnerungen ein, die von den Wänden, die blutige Tränen weinen.

Ich ziehe mich an, um zur Schule zu gehen.

Meine Stickerei ist fast fertig. Der Stoff liegt am Ende des

Bettes, auf der Rückseite hängen die Fäden herunter, die Baumwollfäden sind ordentlich gerichtet. Der Baum ist perfekt geworden. Aber ich bekomme das Mädchen zu seinen Füßen nicht hin.

Das Dorf

Sie schmeißen Anna den Benzinkanister vor die Füße.

»Siehst du ihn, du Nutte? Siehst du ihn?«

Anna ist wie erstarrt und antwortet nicht. Sie rührt sich nicht.

»Wenn du redest, verbrennen wir dich bei lebendigem Leib.«

Der Benzingestank kratzt in ihrer Kehle. Sie hört auf zu atmen. Mit angehaltenem Atem starrt sie *die* an und antwortet nicht. Aber sie läuft nicht weg. Sie bleibt dort stehen, mit angehaltenem Atem, in stillem Protest.

Anna ist erst fünfzehn.

Meine Haare

Wenn man große Angst hat, wenn man sich schutzlos fühlt, in Gefahr, am Rand des Abgrunds, dann sendet jeder von uns ein Signal aus. Und dieses Signal kann man weder hören noch sehen. Es besteht aus reiner Energie. Es ist ein Schrei nach Hilfe, der nur von einigen wenigen Menschen wahrgenommen wird.

Wenn man glücklich ist, wenn man jemanden streichelt, ihm einen Kuss gibt, wenn man wütend, gerührt oder traurig ist, dann spricht der Körper auch. Aber wenn man Angst hat, ist das anders. Dann sendet der Körper nur ein Signal aus. Und meine Angst spürt keiner außer denen. Cucinotta und die Brüder Iannello sind ständig in meiner Nähe.

Sie verfolgen mich auf der Straße, sie rufen mich auf dem Handy an. Sie nehmen mein Signal wahr und antworten darauf. Weil sie wissen, dass meine Angst ihre Stärke ist.

Alle anderen merken rein gar nichts. Für alle anderen geht mein Leben seinen ganz normalen Gang.

Letzte Woche habe ich die Abschlussprüfungen abgelegt. Montag die schriftlichen, Freitag die mündlichen. Jetzt warte ich auf die Ergebnisse, aber ich weiß schon, dass ich bestanden habe.

Und nun? Nun ist die Schule zu Ende, und vor mir sehe

ich nichts. Ich möchte nicht mehr lernen. Lernen interessiert mich nicht. Ich war immer gut in der Schule, aber trotzdem bin ich fürs Lernen nicht gemacht.

Was ist dann für mich gemacht?

Ich weiß es nicht. Ach doch, ich bin ein Mädchen zum Heiraten: Ich kann nähen, das Haus in Ordnung halten, sticken. Das kann ich. Das mag ich auch.

Und das, obwohl ich jetzt immer die vor Augen habe, wenn ich an einen Mann denke, und dann möchte ich nur noch allein in meinem Zimmer bleiben, das Radio laufen lassen, gar nichts tun und warten, dass es Nacht wird.

Ja, stimmt, ich schlafe nicht, und ich träume nicht. Aber tagsüber muss ich den Leuten ins Gesicht sehen. Meiner Mutter, meinem Vater, den Verwandten. In der Nacht muss ich weder denken noch jemanden anschauen. Ich muss nur atmen. Und wenn die Nacht vorbei ist, muss ich nur wieder von Neuem anfangen, auf sie zu warten.

Es ist jetzt eine Woche her, dass ich die Abschlussprüfungen abgelegt habe und dass ich die Wohnung nicht mehr verlassen habe. Ich gehe in die Küche. Aus der Schublade des Büfetts, das neben dem Ofen steht, nehme ich die Schere. Ich schließe mich im Bad ein. Die Wohnung ist leer. Mein Vater ist auf dem Feld. Meine Mutter arbeitet den ganzen Tag außer Haus, und meine Schwester ist bei Tante Tiziana.

Es ist Mitte Juni und glühend heiß. Die Sonne strahlt. Ich stehe vor dem Spiegel und schminke mich. Kajal um die Augen. Ich verwische die schwarze Linie. Blauer Lidschatten. Lippenstift. Ich drücke den Stift fest auf die Lippen und dann verteile ich die Farbe mit den Fingern. Ich fahre mit der

– 84 –

Zunge über meinen Mund und spitze die Lippen. Ich gebe ein wenig Lippenstift auf meine Finger und verwische ihn auf den Wangen. Dabei schaue ich mich immer noch im Spiegel an. Und halte die Arme hoch gestreckt über den Kopf, wie eine Balletttänzerin.

Ich ziehe Grimassen. Lache. Dann blicke ich streng. Romantisch. Melancholisch.

Ich betrachte mich im Spiegel und tanze im Schlafanzug. Ohne Musik. In der Junisonne.

Dann nehme ich die Schere.

Ich bin schön. Beinahe eine Frau.

Schnapp.

Ich öffne und schließe die Schere.

Schnipp. Schnapp. Schnipp. Schnapp.

Ich packe dicke Strähnen von meinen Haaren und schneide sie ab. Still und ohne Hast. Ganz, ganz kurz.

Schnipp.

Ich fahre mit einer Hand über die Wange. Sie ist feucht. Ich weine.

Ich mache weiter.

Schnapp.

Als ich fertig bin, sammele ich im Waschbecken die Haare ein und werfe sie fort. Ich wasche mir das Gesicht. Während das Wasser läuft, färben sich meine Hände rot und schwarz.

Ich schaue mich im Spiegel an. Betrachte den kleinen Spalt zwischen meinen Schneidezähnen. Den Leberfleck auf der linken Wange. Die Sommersprossen. Die Augen. Jetzt sieht man bloß noch meine Augen. Ohne Schminke.

Das war das letzte Mal, dass ich mich im Spiegel ansehe.

Das letzte Mal, dass ich geweint habe.

Das Dorf

»Wenn du schwanger wirst, schießen wir dir in den Bauch.«

Und dann treten sie auf sie ein. Anna krümmt sich zusammen und betet, dass sie nicht schwanger ist, damit sie nicht noch mehr Prügel bekommt und damit sie nicht noch mehr von denen im Körper hat.

Der Friseursalon

Seit fast einem Monat nehme ich jeden Morgen den Zug nach Taurianova. Die Anrufe haben aufgehört. Sie lassen mir ein wenig Ruhe. Domenico Iannello ist mit dem Laster unterwegs, und auch die anderen habe ich seit Längerem nicht mehr im Dorf gesehen. Ich habe beschlossen, das auszunutzen.

Ich habe eine Arbeit gefunden: als Hilfskraft in einem Friseursalon. Hilfsfriseuse würde manch einer dazu sagen. Aber ich bin optimistisch und stelle es mir großartig vor, auch, weil ich sehr gut beim Frisieren und Färben bin. Und meine Chefin lässt mich schon mehr machen als bloß Haare waschen. Daher fühle ich mich nicht bloß als einfache »Kopfwäscherin«.

Es war nicht einfach, eine Arbeit zu finden. Zunächst war es völlig unmöglich, hier in San Martino etwas zu finden. Daher habe ich mich für Taurianova entschieden, weil es größer ist und mehr Möglichkeiten bietet. Außerdem kennt mich dort nicht jeder. Dort fühle ich mich freier und stärker.

Eine ganze Woche lang habe ich alle Geschäfte abgeklappert. Ich bin von Tür zu Tür gegangen und habe nach einer Stelle gefragt. Metzgereien, Bäckereien, Reisebüros. Es war mir egal. Viele haben mich gleich wieder fortgeschickt, weil ich nicht mit Computern umgehen kann und auch kein

Englisch spreche. Im Schreiben bin ich auch nicht gerade die Schnellste. Aber ich kann gut mit Leuten umgehen. Ich habe viel Geduld, und alle mögen mich auf Anhieb.

Die Arbeit als Friseurin ist perfekt für mich.

Der Salon, wo ich jetzt arbeite, ist klein, hat nur ein Waschbecken und vier Sessel. Im Geschäft gibt es nur mich und die Chefin. Ich war ihr auf Anhieb sympathisch und umgekehrt. Mir gefällt sehr, was ich mache und was ich lerne. Ich arbeite sechs Stunden täglich. Ich verdiene zwar nicht viel, aber ich weiß, dass es ein Anfang ist.

Am meisten gefällt mir, dass ich von zu Hause fortkomme. Mir gefällt dieses neue Leben. Ich mag es, wenn die Damen mit meiner Arbeit zufrieden sind.

Sobald ich ein wenig Geld angespart habe, möchte ich mir ein neues Paar Schuhe kaufen. Und zwar keine billigen bei den Chinesen vom Flohmarkt. Markenschuhe, modische Schuhe.

Meinen Lohn liefere ich zu Hause ab. Ich gebe das Geld meiner Mutter. Aber das Trinkgeld behalte ich. Es ist nicht viel. Aber ich habe keine großen Wünsche, und auch das mit den Schuhen ist jetzt nicht so eilig.

Der Frisiersalon hat gerade zugemacht. Wieder ist ein Arbeitstag zu Ende gegangen. Aber die Sonne scheint noch. Obwohl schon Herbst ist, sind die Tage noch ziemlich lang.

Ich fahre nicht sofort nach Hause. Ich gehe ans Meer, bei Palmi. Ganz allein. Ich verbringe mein Leben allein. Inzwischen bin ich daran gewöhnt, und es gefällt mir recht gut. Ich hätte auch gern meine Schwester dabeigehabt. Aber das hier ist ein einsamer Ausflug, fast eine Flucht.

Am Strand verkauft eine Frau riesige Fische. Hinter ihr ist zwischen zwei Pfosten eine Schnur gespannt, auf der sie die Wäsche zum Trocknen am Strand aufgehängt hat. Ich mache einen langen Spaziergang und sauge Luft und Meer, Salz und Sand in mich auf.

Ich sammle alle Muscheln, die ich finde, und bevor ich gehe, vergrabe ich sie alle nebeneinander im nassen Sand am Ufer. Ich begrabe meine Angst, die Einsamkeit, meine Jungfräulichkeit. Zuletzt stecke ich meine Träume in den Sand. Und drücke sie mit den Fingern so tief wie möglich hinein.

Ich will nichts behalten. So kann ich auch nichts verlieren.

Als die Sonne langsam untergeht und der Himmel dunkel wird, gehe ich und kehre mit dem Zug nach Hause zurück. Nur eines nehme ich mit: die Feuchtigkeit des Sandes.

Das Dorf

»Mama, ich kriege keine Luft.«

»Beruhige dich, mein Schatz, ich bin ja da. Das geht gleich vorbei, das geht gleich vorbei.«

»Ich halt das nicht aus.«

Anna und Aurora sitzen in der Küche. Nur das Licht der Abzugshaube brennt. Der übrige Raum liegt im Dunkeln. Es ist zwei, vielleicht drei Uhr nachts.

Die anderen schlafen.

Aurora hält Anna im Arm.

»Das ist das Asthma, es geht gleich vorüber. Ich bin ja bei dir.«

Das Dorf schweigt.

Es ist eine ruhige Nacht.

»Mama, habe ich etwas falsch gemacht?«

»Womit denn, mein Schatz?«

»Dass ich Gerechtigkeit verlange.«

»Nein.«

»Dass ich geredet habe.«

»Nein.«

»Aber jetzt sind alle wütend auf uns.«

»Wir stehen zu dir, das weißt du.«

»Mama, alle hassen uns jetzt. Papa findet keine Arbeit mehr. Und du hast auch Probleme. Ich kann nicht aus dem Haus. Und das ist alles meine Schuld.«

»Anna, sag so was nicht.«

»Mama, was habe ich denn nur getan?«

»Reg dich nicht auf. Das geht vorbei. Wir bitten die Großeltern, deine Onkel und Tanten um Hilfe, das schaffen wir schon.«

»Mama …«

»Ja?«

»Ich musste reden.«

Aurora streichelt Annas Hände und umfasst sie mit ihren. Aber sie erwidert nichts.

Die Nacht füllt die Stille aus. Es wird Tag.

Meine einzigen Freunde

*I*ch wehre mich nicht mehr. Ich bringe meine Tage Stück für Stück herum. Ich bin viel mit dem Fahrrad unterwegs. Helfe meiner Mutter im Haushalt. Passe auf meine Schwester auf.

Die Arbeit musste ich aufgeben. Ich bin allergisch gegen die Chemikalien, die man beim Haarefärben verwendet. Mein Asthma ist schlimmer geworden.

Ich habe es so lange wie möglich ausgehalten, aber inzwischen bekomme ich keine Luft mehr. Ich bin wieder zu Hause. In San Martino. Keine Arbeit mehr. Keine Zugfahrten morgens mehr. Wieder lebe ich in Atemnot.

Gestern sind wir auch mit dem Einkochen des Tomatensugos für den Winter fertig geworden. Zusammen mit den Tanten. Wie immer standen überall im Hof unseres Hauses Töpfe, Weckgläser und Tomaten verteilt, die schönen langen roten aus unserer Gegend. Alle Frauen der Familie haben drei Tage lang Tomaten gekocht, enthäutet und passiert, Gefäße sterilisiert und Soße eingeweckt. Jetzt ist der Wintervorrat angelegt, und allmählich riecht unsere Küche auch nicht mehr so streng nach Tomaten.

Es waren arbeitsreiche, aber auch schöne Tage, in denen ich zugehört habe, wie über Taufen, Hochzeiten, Schwangerschaften in der Familie geklatscht wurde. Meine jüngeren Cousinen und ich haben keinen Ton gesagt, aber unsere

Mütter haben uns zuhören lassen, auch dann, wenn es um die Männer und weibliche Verführungstricks ging. Und wir Mädchen haben gelacht und uns verschwörerisch zugezwinkert.

»Du musst folgsam sein, aber nicht zu sehr. Immer zur Stelle, aber immer beschäftigt. Ergeben, unermüdlich, niemals krank. Aber er muss schon wissen, dass du im Haus die Hosen anhast und dass du, wenn er es dir gegenüber an Respekt fehlen lässt, gehst und alles mitnimmst und ihn vor leeren Tellern und einem Berg ungewaschener Wäsche sitzen lässt.« Das ist in kurzen Worten die Methode meiner Mutter, wie man einen Mann an sich bindet. Und das, wo sie mit siebzehn geheiratet und mich bekommen hat, noch ehe sie volljährig war. Wo sie aus dem Haus ihres Vaters direkt in das meines Vaters übergewechselt ist.

Meine Tanten stimmen ihr jedoch zu.

Und alle sind sie sich einig, dass man kein großes Drama daraus machen sollte, wenn ein Mann fremdgeht.

»Jeder weiß doch, dass die ein wenig Abwechslung brauchen. Hauptsache, die Geliebte bleibt eine Geliebte und er kommt abends zum Essen nach Hause. Und dass er auch das Geld nach Hause bringt. Denn der Familie darf es nie an etwas fehlen.«

Solche Dinge erzählt man sich beim Tratsch im Hof.

Aber die Tage der Tomaten sind viel zu schnell vorüber. Jetzt ist die Wohnung wieder leer und mit ihnen meine Tage.

Ich bin fünfzehn. Habe keine Arbeit. Und keine Freunde. Meine Klassengefährten habe ich aus den Augen verloren, als ich beschlossen habe, von der Schule abzugehen.

Ich treffe mich allerdings mit Domenico Cucinotta,

Cutrupi und den Brüdern Iannello. Ab und zu sind auch noch Freunde von ihnen dabei, aber raus aus dem Dorf fahren nur wir fünf. Ja, wie ich schon gesagt habe: Ich wehre mich nicht mehr. Ich habe mich den ganzen Sommer über mit ihnen getroffen. Öfters sind sie mit mir zum Stall gefahren. Und zu einem anderen abgelegenen Haus draußen auf dem Land.

Nach der Geschichte mit Schwester Mimma habe ich nicht mehr den Mut aufgebracht, irgendjemandem von der Sache zu erzählen. Sie rufen mich auf dem Handy an, und ich komme.

»Hallo Anna, wir müssen mit dir reden«, sagen sie zu mir. Das ist ihr Geheimcode. Ich weiß schon, was sie damit meinen. Und wenn sie mir einen Treffpunkt nennen, komme ich dorthin. Meist treffen wir uns vor meiner ehemaligen Schule, weil ich dort zu Fuß hinkomme und es vor allem nachmittags nach drei auch eine ziemlich verlassene Gegend ist.

Warum gehe ich hin?

Das frage ich mich die ganze Zeit. Jedes Mal, wenn ich mit dem Fahrrad oder zu Fuß unterwegs zum Schulhof bin. Jedes Mal, wenn ich das Fahrrad hinter einem hinter der Schule geparkten Lastwagen verstecke. Wenn ich allein dort stehe und auf ihren Wagen warte. Wenn ich sie kommen sehe. Dann frage ich mich: Warum bin ich hier?

Weil ich nicht will, dass sie jemandem erzählen, was wir tun. Wenn ich sie nicht wütend mache, wenn ich tue, was sie wollen, werden sie das Geheimnis bewahren. Das ist gut für sie und auch für mich. Wenn ich einen schlechten Ruf im Dorf bekäme, wäre das mein Ende. Dann wäre ich wirklich verloren.

Ach, wenn ich doch nur einen Bruder, einen Cousin, einen

Mann in der Verwandtschaft hätte, den ich um Hilfe bitten könnte, der mich wirklich beschützen könnte. Aber da gibt es niemanden. Ich muss allein klarkommen. Und daher bin ich hier und warte vor der Schule auf sie.

Domenico Iannello hat mich nach meiner Handynummer gefragt, und ich habe sie ihm gegeben. Ich konnte nicht nein sagen. Beim ersten Mal bin ich auch allein mit ihm gegangen. Er ist mit mir aus dem Dorf rausgefahren, mit seinem grünen Golf, dem neuesten Modell.

Das letzte Mal ist zwei Monate her, es war im Sommer. Wie üblich ist Domenico Iannello vor unserem Haus vorbeigefahren, um mir zu sagen, dass sie mit mir reden müssten. Ich bin eingestiegen. Iannello war nicht allein, Cutrupi saß am Steuer. Sie haben mich zu Iannellos Land bei San Martino in der Nähe vom Sportplatz gebracht und mich dort in die Hütte geschleppt.

Ich hatte meine Tage. Also habe ich nein gesagt. Aber sie haben getan, was sie wollten. Einer nach dem anderen, die anderen standen in der Zwischenzeit im Kreis um uns herum und masturbierten.

Viele Dinge wusste ich noch nicht. Ich habe niemals Fragen gestellt. Aber ich habe es auch so herausgefunden.

Beim letzten Treffen war Cucinotta nicht mit dabei. Zum ersten Mal. Aber ich habe nicht gefragt, warum er nicht da war. Ich bin nach Hause gegangen.

Ich hoffe bloß, dass sie mich nicht so bald wieder anrufen. Ich hoffe bloß, dass es beim nächsten Mal schneller geht, dass es länger dauert bis zum nächsten Mal.

Sie sagen immer wieder zu mir: »Wir sind deine Freunde. Und wenn du etwas brauchst, egal was, dann helfen wir dir schon. Es ist doch schön, dass wir befreundet sind, das ist unser kleines Geheimnis.«

Ja, es stimmt, sie sind meine einzigen Freunde. Die einzigen, die mir geblieben sind. Die einzigen, die ich seit zweieinhalb Jahren sehe, die einzigen, mit denen ich mich treffe.

Und vielleicht haben sie mich ja wirklich gern. Sie behaupten das zumindest. Ich weiß es nicht. Ich klammere mich an sie. Sie sind die einzigen Gesichter, die ich tagsüber sehe. Die einzigen, die in der Nacht in meinen Albträumen wiederkehren.

Ich empfinde meine Seele wie ein Labyrinth von Straßen. Ich weiß nicht, welche ich wählen soll, und deshalb nehme ich die, die direkt vor meiner Nase liegt, auch wenn dieser Weg mir noch mehr Angst macht.

Das Dorf

Sie haben ihren Hund getötet. Sie haben Sissi umgebracht, den Schäferhund, den Anna als Welpen bekommen hatte.

Heute Nacht ist es passiert. Sie haben den Zaun mit einer Blechschere durchgeschnitten und den Hund aus der Hütte gezerrt. Sie müssen mindestens zu zweit gewesen sein. Einer hat ihm das Maul mit einer Schnur zugebunden, damit er nicht bellt.

Anna war wach. Sie hat Geräusche gehört. Aber sie hatte keine Ahnung, was es war. Sie hat sich im Bett zusammengekauert und darauf gewartet, dass wieder Stille einkehrte. Sie hatte keine Ahnung.

Sie haben Sissi aufs freie Feld gebracht und dort auf sie eingeschlagen. Erst haben sie auf sie eingetreten, dann haben sie eine Stange benutzt. Die haben Sissi zu Tode geprügelt.

Dann haben sie sie dort verbluten lassen, mit zugebundenem Maul und zerschlagenen Knochen, zerfetzten Ohren und mit blut- und dreckverschmiertem Fell.

Sie haben Sissi umgebracht, den Hund von Anna Maria.

Verschwunden

Cucinotta ist verschwunden. Er kommt nicht mehr zu unseren Treffen außerhalb des Dorfes. Ich sehe ihn auch nicht mehr auf den Straßen. Er ist komplett von der Bildfläche verschwunden. Ich versuche, von Domenico eine Erklärung zu erhalten, aber er antwortet mir, das ginge mich nichts an, und beginnt sofort, mich aufzuziehen. Daher frage ich nicht mehr weiter. Ihren Gesprächen entnehme ich, dass sie gestritten haben, sie erzählen was von einem gestohlenen Autoradio. Ich verstehe nicht genau, was passiert ist. Ich versuche, alles zusammenzufügen, was sie sich im Auto erzählen, während wir rausfahren.

Die Geschichte vom Autoradio und dem Diebstahl überzeugt mich nicht. Eines Tages höre ich den Satz: »Also, Mimmo wollte diese kleine Hure wirklich für sich allein haben?«

»Dieser Schlappschwanz hat kalte Füße bekommen, er hat einen Rückzieher gemacht. Unter dem Vorwand, er wollte damit nichts mehr zu tun haben.«

»Hauptsache, er hält den Mund und macht uns nicht alles kaputt.«

»Der hält schon dicht, keine Bange. Der steckt bis zum Hals mit drin. Er hat sie schließlich das erste Mal mitgebracht. Der hält dicht. Der sollte besser nicht reden.«

Aufgeschnappte, zufällig gehörte, zusammengereimte Sätze. Seit alles begonnen hat, also seit der Osternacht, sind zwei Jahre vergangen. Jetzt gehört Cucinotta allerdings nicht mehr zur Gruppe. Domenico Iannello ist der Anführer. Die anderen sind immer noch mit dabei. Andere sind dazugekommen.

Und ich? Ich habe keine Kraft zu schreien. Mein Körper hat genug Atem, aber wenn ich den Mund aufmache, um loszuschreien, ist da nur Leere. Der Kopf. Das Herz. Die Seele leer. Ich bin zu Luft geworden. Luft kann nicht leiden. Spürt keinen Schmerz. Weint nicht.

Ich weine nicht. Ich habe nur in der ersten Nacht geweint, in dieser Osternacht vor fast drei Jahren. Ich habe heimlich geweint, leise, damit meine Schwester mich nicht hört, das Gesicht ins Kissen gepresst. Die Füllung saugte sich voll mit Tränen und Speichel. Und ich habe geweint, als ich mir meine Haare so kurz wie ein Junge geschnitten habe. Aber das war das letzte Mal.

Seitdem warte ich. Und weine nicht mehr. Ich warte auf den nächsten Windstoß. Warte auf einen Gewittersturm, darauf, dass etwas passiert, dass sich etwas ändert. Ansonsten lasse ich mich willenlos herumfahren, ohne jemals einen Ort wahrzunehmen, an dem ich mich befinde, oder ein Gefühl. Ich spüre keine Angst mehr. Ich spüre keinen Ekel. Ich spüre keine Wut.

Nur eines hat sich nie geändert. Ich habe mich nicht daran gewöhnt. O nein, das niemals.

Ab und zu denke ich noch einmal über diese erste Nacht nach und über die Stufe, unsere Stufe, auf der Domenico Cucinotta und ich gesessen haben. Ich erinnere mich wieder, wie heftig mein Herz geklopft hat, als er mir sagte, dass ich sein Püppchen sei. Ab und an denke ich an die Male, als er mit dem Auto unter dem Fenster meines Zimmers vorbeigefahren ist und dabei das Radio auf volle Lautstärke gestellt hatte. Er legte immer ein anderes Liebeslied ein. Süße Worte nur für mich. Ständchen, die nur für mich bestimmt waren.

Jetzt ist Cucinotta aus meinem Leben verschwunden. Es bleiben die anderen.

Und neue kommen dazu.

Das Dorf

In San Martino ist der Handyempfang schlecht. Die Verbindungen sind gestört, die Antennen weit weg. Anna Maria lehnt ihr Telefon immer am Fenster an. Das ist die einzige Stelle, wo es zumindest ein bisschen Empfang gibt.

Wenn das Handy vibriert, zittert die gesamte Fensterscheibe. Jede Nacht gegen zwei kommt ein Anruf. Die Nummer ist unterdrückt. Anna geht dran. Sie hört Schritte, dann das laute Rascheln einer Tüte. Weiter nichts.

Jede Nacht zur selben Uhrzeit.

Das Handy vibriert.

Das Fenster zittert.

Männerschritte.

Eine Tüte wird zerknüllt.

Schweigen.

Die Schulden

Heute Nacht habe ich im Fernsehen einen Stierkampf gesehen. Es war das erste Mal, dass ich so etwas gesehen habe. Ich habe den Ton am Fernseher ganz leise gestellt, um niemanden aufzuwecken, und habe mich in den Bildern verloren, die mein kleines Zimmer erleuchteten.

Bevor der Stier in die Arena kommt, wird er betäubt. Auch das wusste ich nicht. Dann putzen sie ihn mit Schleifen und Bändern heraus. Affig, eine traurige Rache des Menschen am Tier.

Der Torero ist völlig aufgeputscht. Adrenalingeladen, bereit, bewaffnet. Der Stier läuft langsam. Er wankt. Sein Blick ist getrübt. Die Augen irren umher. Die Arena öffnet sich vor ihm. Und da sind sie. Einer, der Stier, gegen alle: den Torero und das Publikum.

Der Torero weiß, dass das Tier mit Medikamenten betäubt wurde. Er weiß, dass es kein fairer Kampf ist, und doch tänzelt er vor ihm herum, schlägt zu, dreht sich um die eigene Achse, sticht zu. Und das Publikum springt auf, mit ihm, für ihn. Die Arena ist außer sich. Dem Stier bleibt kein Ausweg, und er sucht auch nicht danach. Er bietet sich dem Degen dar. Seine einzige Hoffnung ist, dass es schnell vorbei ist. Seine einzige Kraft bezieht er daraus, dass er bald keinen Schmerz mehr spüren und diese Stimmen nicht mehr hören wird. Er weiß, dass er nur durchhalten muss, weil das Spektakel bald vorüber sein und dann wieder Stille einkehren wird, und dass das Medikament in seinem Körper seine letzten Todeskrämpfe lindern wird. Sand verklebt seine Zunge. Endlich werden sich seine Augen schließen.

Darauf warte ich. Auf nichts als Sand und Dunkelheit. Wie der Stier warte ich darauf, dass irgendwann alles vorbei ist.

Heute hat mich Domenico Iannello an einen Mann weitergereicht. Er wollte nicht, dass ich mit ihm mitgehe, sondern hat mich verkauft, um Schulden zu bezahlen.

Den ganzen Tag habe ich den Stierkampf immer wieder neu durchlebt.

Wie ist das abgelaufen?

Er ruft mich an. Ich komme mit zu ihm. Treffpunkt vor meiner Schule, wie immer. Ich sehe schon von Weitem einen Wagen mit laufendem Motor. Neben Iannello sitzt ein Mann. Er wird so um die dreißig sein. Kräftig. Mit etwas ausgeprägten Geheimratsecken. Ich starre ihn von Weitem an, um herauszufinden, wer das ist. Er starrt zurück. Ich komme nicht auf seinen Namen, aber mir fällt sofort ein, dass er verheiratet ist und dass ich ihn schon oft in einem Lancia Thema habe herumfahren sehen.

Iannello steigt aus und kommt mir entgegen.

»Anna, heute gehst du mit ihm. Das ist Vincenzo La Torre. Du kennst ihn doch, oder? Ich schulde ihm einen Gefallen. Sei ein braves Mädchen und blamier mich nicht.«

Ich antworte nicht. Iannello bringt mich zu dem Mann.

Ich bin also die Bezahlung für seinen »Gefallen«. Ich betrete die Arena und weiß nicht, was ich tun soll.

»Hallo«, begrüßt La Torre mich leise. Seine Stimme klingt wie die eines kleinen Jungen.

Ich antworte nicht und setze mich auf die Rückbank. Er bedeutet mir, dass ich mich zwischen den Sitzen hinkauern soll. Ich gehorche.

Iannello muss ihn informiert haben, wie es abläuft. Ich weiß es.

Wir reden kein Wort mehr. Er fährt mit mir vors Dorf. Zu einer abgelegenen Hütte. Er sagt mehrfach etwas zu mir. Da ich nicht weiß, was ich antworten soll, verharre ich in zähem Schweigen.

Er wird gereizt. Dreht sich immer wieder zu mir um und sagt etwas zu mir.

»Wenn du dich wehrst, verprügele ich dich.« Nun klingt er wie ein wütender kleiner Junge und verschluckt dabei die Worte. Mein trotziges Schweigen macht ihn wütend. Ich antworte ihm wieder nicht.

Wir kommen zu der Hütte im Girello. Er hält den Wagen an. Sagt, ich soll aussteigen und mich neben ihn setzen, dann klappt er die Sitze nach hinten.

Er beginnt, mich anzugrabschen.

Ich weiche zurück.

Er weiß nicht, was er machen soll. Diesmal spricht er nicht mit mir. Er nimmt sein Handy und wählt eine Nummer, ruft Domenico Iannello an und sagt ihm, dass ich nicht mitmache, dass es ein Reinfall ist. Er redet ziemlich lange, ist erst sehr aufgeregt, dann nickt er nur noch. Ich sitze neben ihm und höre alles mit.

Ich habe keine Idee. Ich weiß nur, dass ich nicht mit ihm zusammen sein möchte. Und ich hoffe, dass sich alles zerschlägt.

La Torre legt das Handy weg. Er wirft sich auf mich und hält mir die Hände fest.

»Er hat gesagt, wenn du nicht mitmachst, bekommst du es mit ihnen zu tun. Und das bedeutet große Schwierigkeiten. Deshalb solltest du dich lieber nicht mehr so anstellen.«

Ich denke an den Stier.

Ich kann meine Handgelenke nicht bewegen. Und jetzt liegt er mit seinem gesamten Körper auf mir.

»Hast du Angst?« Seine Hände bewegen sich aufgeregt und schnell.

Ich antworte nicht. Ich schaue ihn nicht an. Ich bewege mich nicht. Ich atme und warte.

»Wie alt bist du?«

»Sechzehn«, sage ich zum ersten Mal etwas zu ihm.

»Du bist sehr hübsch für dein Alter.«

Ich atme langsamer. Ich habe keine Idee, und daher bezahle ich Iannellos Schulden. Ich bezahle alles.

Als wir fertig sind, telefoniert Vincenzo La Torre wieder, und kurz darauf kommen Cutrupi und Domenico Iannello.

Der Stier ist erschöpft. Seine Vorderbeine geben nach, aber der Torero ist noch nicht zufrieden. Die ganze Arena ist aufgesprungen. Die wollen mich. Alle beide. Noch einmal. Einer nach dem anderen, während die anderen zuschauen.

Ich drehe die letzte Runde in der Arena. Dann fahren sie mich nach Hause.

La Torre ruft mich ein paar Mal auf dem Handy an und verlangt, dass ich mich noch einmal mit ihm treffe. Er bedroht mich. Aber ich sehe ihn nicht wieder.

Ihn nicht. Die anderen schon. Ich weiß nicht, was da vor sich geht.

Der Stier stirbt nicht, und die Arena bekommt nie genug.

Nach La Torre ist in den nächsten Tagen Saverio Trinci dran. Bei La Torre ging es um die Bezahlung von Schulden, bei Trinci ist es eine Abmachung. Er stellt ein Haus im Umland zur Verfügung, damit es alle bequemer haben, und dafür darf er an unseren Treffen teilnehmen.

Die erklären mir alles.

»So ist es besser, wir müssen es nicht mehr im Auto oder draußen machen, sondern haben ein Bett und ein Badezimmer.«

So ist es besser. Sagen sie.

Trinci ist ein Freund unserer Familie und kommt oft zu uns nach Hause, zum Beispiel um das Futter für die Schweine abzuholen, und dann bleibt er eine Weile und plaudert mit meiner Mutter. Er kennt meinen Vater sehr gut.

Einmal versucht er, mir Geld zu geben. Vielleicht fühlt er sich schuldig. Aber ich nehme das Geld nicht. Ich gehorche. Ich rede nicht.

La Torre, Trinci, das Haus im Umland … bis jetzt habe ich zugelassen, dass der Torero tanzt, zustößt und mit seiner Männlichkeit prahlt.

Ich habe mich nicht gewehrt. Aber wohin führt mich mein Weg? Wohin bringen sie mich? Wann kommt der Todesstoß? Doch der kommt nie. Und die Wunden schmerzen.

Das ist jetzt nicht mehr nur eine Sache zwischen uns. Jetzt weiß es das ganze Dorf. Vielleicht auch mein Vater. Oder nein, mein Vater nicht.

Mein Körper gehört mir nicht mehr. Er gehört denen, daher leide ich nicht mehr. Daher wehre ich mich nicht mehr.

Ich ziehe mich in den Bauch des Stiers zurück. Aber der Schmerz kommt auch hierhin.

Ich war ein Objekt, das man benutzt. Eine Schuld. Eine Abmachung.

Und jetzt?

Ich habe Angst. Angst davor, das weiter auszuhalten.

Das Dorf

»Man sollte ihr das auf den Kopf schmeißen, dieser Hure … dieser Schlampe.«

Ein Blumentopf mit Geranien wackelt bedenklich auf einem Balkon. Anna schaut nach oben. Das Licht blendet sie, und der Schrei trifft sie.

Abdriften

*I*nzwischen bin ich sechzehn. Ich habe eine neue Arbeit gefunden. Nicht mehr als Friseurin. Ich habe gerne im Salon gearbeitet und Tönungen und Frisuren gemacht, aber wegen meinem Asthma ging das nicht mehr. Ich habe in Taurianova eine andere Stelle gefunden, dieses Mal in einer Rosticceria.

Ich bin unzufrieden mit mir. Oder mit meinem Leben. Die sind immer da.

Domenico Iannello hat mir zweimal gesagt, dass er mich in seinem Lastwagen mitnehmen will, wenn er seine Touren fährt. Bis jetzt hat er es nicht getan. Auf seinem Laster fahre ich nicht mit. Und ich hoffe, dass er es nicht tun wird, denn dann müsste er es meinem Vater sagen. Ich kann nicht tagelang von zu Hause verschwinden.

Michele hat mir jedoch einmal gesagt, dass er nicht wie die anderen sei, dass er mich gern hätte und mich heiraten wollte. Oh, Michele, wie habe ich mich an deine Worte geklammert. An seine mehr als an die der anderen. Aber auch das waren Lügen.

Michele wird in ein paar Tagen heiraten, und zwar seine Verlobte.

* * *

Michele Iannello hat vor einiger Zeit mit einem Holzscheit nach mir geworfen. Er hat mich am Fuß verletzt. Ich musste fast einen ganzen Monat lang einen Verband tragen. Meiner Mutter habe ich gesagt, dass ich vom Fahrrad gefallen sei. Mein Vater hat es zum Glück gar nicht bemerkt.

Warum hat er mir den Holzscheit auf den Fuß geworfen?

Weil ich es eines Tages nicht mehr aushielt und ihn angeschrien habe: »Es reicht. Nein. Ich will das nicht. Warum gehst du nicht zu deiner Freundin?« Da hat er den Holzscheit vom Boden aufgehoben und nach mir geworfen.

Das war nicht das erste Mal, dass er mich schlägt. Wenn meine Tage zu spät kommen und sie das mitkriegen, dann treten sie auf mich ein. Immer in den Bauch.

»Du darfst keine Kinder kriegen, sonst sind wir alle geliefert. Hast du das begriffen?« Als ob ich darüber entscheiden könnte, ob ich ein Kind bekomme oder nicht. Das machen alles die.

Nach Trincis Haus sind wir noch an vielen anderen Orten gewesen. Immer draußen vor dem Dorf. Sie haben mich zu einem abgelegenen Haus gebracht, mit einem betonierten Hof und einem Spülstein draußen. Drinnen gab es einen großen Raum mit einem Herd und kleinen braunen Möbeln und noch ein Zimmer mit einem Ehebett.

Am Abend des Sankt-Martin-Festes haben Michele und Domenico Iannello und Domenico Cutrupi mich zu einem Haus an der Straße nach Varapodio gebracht. Auf dem Vorplatz dort waren eine kleine Madonnenstatue und ein Brunnen. Sie haben mich auf das Mäuerchen des Brunnens gesetzt und getan, was sie tun mussten. Domenico Iannello hat mir gesagt, wenn seine Frau oder sonst jemand aus dem Dorf mich nach unseren Treffen fragte, müsste ich alles abstreiten, sonst würde er mich umbringen. Dann hat er mich herumgedreht, er hat mich an den Haaren gepackt und meinen Kopf unter Wasser gedrückt. Ich bin im Wasser liegen geblieben, ohne mich zu wehren, doch leider hat er mich dann wieder rausgezogen.

Es muss etwas passiert sein. Oder wird noch passieren. Ich verstehe es nicht genau. Aber sie sind brutaler geworden. Wir treffen uns einmal die Woche, nicht öfter. Aber immer kommen neue Leute dazu. Jetzt ist es nicht mehr geheim.

Einmal haben sie mir den Lauf einer Pistole in den Mund gesteckt.

Sie sind immer bewaffnet. Hatte ich das nicht erwähnt? Ja. Sie haben Waffen. Ich habe sie öfter gesehen. Und eines Tages haben sie mir den Lauf einer Pistole in den Mund gesteckt.

»Wenn du erzählst, was wir hier machen, bringen wir dich um.«

Sie haben gelacht und mir den Lauf immer weiter in die Kehle geschoben. Ich weiß nicht, ob die Pistole geladen war. Und ich will es auch nicht wissen.

Jetzt erzähle ich das so, als wäre das ganz normal. Es ist eine Weile her. Es war das einzige Mal. Ich will nicht, dass es noch mal vorkommt.

Das Dorf

Steine schlagen gegen das Fenster. Die Läden sind geschlossen. Zuerst kommen nur wenige. Dann ganz viele auf einmal. Mitten am Tag.

Anna ist allein zu Hause. Sie dreht das Radio ganz laut auf.

Ich werde dich heiraten,
du musst nicht mehr warten.
Ich habe dich gesucht und gefunden,
alles in einem Moment.
Und aus Sorge, dich zu verlieren,
mache ich ein Foto von dir.

Der Steinhagel geht weiter. Die Musik läuft.

Jeder Stein ist anders.

Die einen beschuldigen sie: »Hure.«

Andere drohen: »Wir verbrennen dich. Wir verbrennen dich bei lebendigem Leib.«

Und wieder andere schweigen.

Manche Leute spucken vor Anna aus, wenn sie ihr auf der Straße begegnen. Andere starren sie bloß herausfordernd an. Fahren unter ihrem Fenster vorbei. Warten am Ausgang des Ladens auf sie. Und dann gibt es Leute, die sich nur um ihre eigenen Angelegenheiten kümmern und wegschauen.

Die Steine schlagen gegen das geschlossene Fenster.

Jeder hört sich anders an. Jeder tut auf seine Art weh.

Und so ganz allmählich türmen sie sich zu einem Haufen auf.

Deine Schwester

Ich bürste meiner Schwester die Haare. Sie hat sich blond gefärbt. So kommt sie mir ein wenig fremd vor. Aber sie ist so schön. So schön, wie ich einmal war. Auch sie ist jetzt dreizehn. Sie liebt Schuhe mit hohen Absätzen und zieht sich immer sehr sorgfältig an. Bei uns zu Hause haben wir bestimmt nicht viel Geld für Kleidung. Unser zweitüriger Kleiderschrank reicht für uns beide, und dabei sind dort die Sommer- und Winterkleidung und dazu noch die Unterwäsche und Decken untergebracht. Sie ist jedoch sehr gut darin, Sachen umzugestalten oder zu kombinieren und Farben zusammenzustellen.

Heute ist Sonntag, und die Rosticceria hat geschlossen. Morgens habe ich ihr eine Olivenölpackung für die Haare gemacht. Dann habe ich ihren Kopf mit Klarsichtfolie umwickelt. Und nach einer Stunde habe ich ihr beim Ausspülen geholfen. Jetzt glänzen ihre Haare und sind ganz weich.

»Was möchtest du werden, wenn du mal groß bist?«, fragt sie mich unvermittelt, während ich ihre Haare bürste.

»Ich?«

»Ja, wenn du groß bist.«

»Ich bin schon groß.«

Sie dreht sich zu mir um. Wir sitzen beide auf meinem Bett. Ihre Haare sind ganz weich. Sie schaut mich an, und ich muss ihr antworten.

»Jetzt arbeite ich in der Rosticceria. Aber ich möchte nicht für immer dort bleiben. Die Arbeit als Friseurin hat mir gefallen, und vielleicht könnte ich mich ja aufs Frisieren spezialisieren oder Kosmetikerin werden.«

»Wie schön.«

Ihr gefällt meine Wahl.

»Und du? Was möchtest du machen, wenn du groß bist?«

Meine Schwester und ich verbringen ganze Tage damit, über nichts Besonderes zu reden. Uns Fragen zu stellen und darauf zu antworten, wobei die Antworten immer wieder anders ausfallen.

Was würde ich ohne sie machen?

»Ich? Ich möchte durch die Welt ziehen. Und dann möchte ich heiraten«, erwidert sie.

»Du möchtest heiraten?« Ich stürze mich auf sie, um sie zu kitzeln.

Sie windet sich, lacht und schüttelt ihre Haare, die noch nach Öl und Oliven duften.

»Ja. Und ich möchte ein großes Fest, und mein Kleid muss ganz weiß sein und einen ellenlangen Schleier haben. Und dann will ich eine mindestens dreistöckige Torte. Aber zuerst musst du heiraten, nicht wahr, Anna? Sonst kann ich nicht heiraten, weil ich doch die Jüngere bin. Hast du schon einen Verlobten?«

Wie schön meine Schwester ist. Sie ist genau wie ich.

»Nein, ich habe keinen Verlobten, und ich will auch nicht heiraten. Du kannst ruhig als Erste heiraten.«

Ich habe wieder das Brautkleid vor Augen, von dem ich mit dreizehn geträumt habe, das mit den drei Rosen und der Schleppe.

Sie hüpft auf dem Bett herum. Ich werfe mich wieder auf sie, und wir umarmen uns. Wir lachen. Und kitzeln uns gegenseitig.

»Was treibt ihr denn hier? Seid ein bisschen leise. Was soll denn dieser Krach?«

Meine Mutter steht in der Tür. Wir springen auf, ich bekomme vor Lachen fast keine Luft mehr. Auch meine Schwester kann nicht aufhören zu lachen.

»Also kommt ... seid brave Mädchen. Fangt schon mal mit Tischdecken an. Anna, mach doch die Hähnchenschnitzel, bald kommt dein Vater nach Hause, und es ist Zeit fürs Abendessen.«

Ich schlucke schwer. Und ziehe meine Schwester hinter mir her.

Meine Mutter beobachtet uns. Wir gehen noch einmal ins Zimmer zurück und richten die Decken auf dem Bett, die bei unserer Balgerei durcheinandergeraten sind. Wir gehen in die Küche, um das Essen vorzubereiten.

Heute ist Dienstag. Domenico Iannello hat mir gesagt, dass er am Freitag mit dem Lastwagen zurückkommt und dass wir uns dann treffen müssen. Und er hat mir gesagt, dass ich meine Schwester mitbringen soll.

Das Dorf

Sie wohnen alle in der Via Garibaldi. Besser gesagt, viele von ihnen. Ihre Familien. San Martino ist ein kleiner Ort. Und die Via Garibaldi ist eine kleine Straße.

Anna Maria wohnt in Hausnummer 35. Ein Sozialbau. Hinter dem Haus beginnen die Felder. Vor dem Haus führen die Eisenbahngleise vorbei. Auf der einen Seite Mandarinenbäume, so weit das Auge reicht. Auf der anderen verrostete Gleise.

Um sie herum *die.*

Sie stehen auf den Türschwellen. Auf den Balkonen. Auf der Straße. Immer sie. Dort. Ganz nah.

Man hört ihre laufenden Fernseher. Wie sie das Geschirr auf den Tisch stellen. Ihren Hass.

Ja, denn sie hassen Anna. Nicht, weil sie das getan hat. Oder vielleicht auch dafür. Sie hassen sie, weil sie das Gesetz des Schweigens gebrochen hat. Weil sie geredet hat.

Es hilft nichts, das Haus zu verlassen. Sie sind immer in der Nähe.

Das Ende des Schweigens

Der Brunnen.

Die Pistole.

Meine Schwester.

Iannellos Lastwagen.

Wasser. Eisen. Duftendes Haar. Der Gestank nach verbranntem Reifengummi. In meinem Kopf dreht sich alles wie ein Karussell. Wie soll ich das anhalten? Die Musik? Das Karussell dreht sich. Alles dreht sich. Wie kann ich mich anhalten?

Ich habe sie seit einer Woche nicht gesehen. Ich will sie nie mehr sehen. Gestern Abend hat Domenico Iannello wieder gesagt, dass er mich in seinem Lastwagen mitnehmen will, wenn er die nächste Tour hat. Diesmal hat er mir ein genaues Datum genannt. Das hat er vorher noch nie getan.

Aber das ist es nicht, was mir Angst macht. Ich sehe ihn vor mir, wie er sagt: »Freitag bringst du deine Schwester mit.«

Mein Körper reagiert nicht. Seit drei Jahren fühlt mein Körper nichts mehr. Aber jetzt fordert das Herz seinen Raum. Es hat wieder angefangen zu schlagen. Es schlägt heftig. Und sucht nach Raum. Ich fühle es in meiner Brust, wie es nach draußen drängt, wie es meine Brust zu sprengen scheint. Ich kann niemanden um Hilfe bitten.

* * *

Bevor ich das Haus verlasse, betrachte ich lange meinen Vater. Er ist gerade von der Arbeit heimgekommen. Um vier Uhr morgens ist er aus dem Haus gegangen, und jetzt ist er eben von den Feldern gekommen, hat Erde an den Schuhen, unter den Fingernägeln, in den Haaren mitgebracht. Jetzt sitzt er auf einem Stuhl in der Küche und starrt ins Leere.

Ich schaue meine Mutter an, die schweigend das Essen für ihn zubereitet.

Und denke: Jetzt erzähle ich ihm alles. Jetzt setze ich mich ans andere Ende des Tisches, sehe meinem Vater in die Augen und erzähle ihm alles.

Das gäbe ein schönes Theater.

Aber ich habe es nicht getan, als ich dreizehn war, und würde es jetzt auch nicht tun. Mit ihnen kann ich nicht reden. Ich weiß schon, was sie sagen würden. Dass ich still sein soll. Dass ich Schande über die Familie bringe, die ganze Familie ins Verderben reiße. Dass ich sie alle ruiniere, wenn allgemein bekannt wird, was mir passiert ist. Mein Vater würde außerdem denken, ich sei selbst schuld. Mein Vater ist kein schlechter Mann. Aber ein Mann alter Schule, einer, der in San Martino geboren wurde und immer dort gelebt hat, mit den Regeln und Grundsätzen dieses Landes, wo ein Mann ein Mann ist und eine Frau eine Frau.

Ich möchte nicht, dass mein Vater wütend auf mich wird. Heute Morgen habe ich, bevor ich das Haus verließ, lange meine Schwester angesehen. Sie ist so schön. Seit einem Monat arbeite ich jetzt in einer Rosticceria in Taurianova. Jeden Abend, wenn ich nach Hause komme, stinke ich nach Frittierfett. Meine Haut und meine Haare stinken. Der Teig der Reisbällchen klebt unter meinen Fingernägeln wie die Erde unter denen meines Vaters. Aber wenigstens tue ich etwas. Ich verlasse das Haus. Ich gehe arbeiten. Der Tag verfliegt. Wenn man in einer Küche an der Fritteuse arbeitet, verdient man nicht viel. Und ich gebe meiner Mutter den ganzen Lohn. Geld interessiert mich nicht. Aber irgendwie ist die Arbeit ein Anfang. Ein Anfang, um wegzugehen aus San Martino, um mein Leben zu ändern. Ich versuche es noch einmal. Ich denke an meine Schwester, als ein Carabiniere die Rosticceria betritt. Er trägt Uniform. Es ist Maresciallo C., den kenne ich gut, weil er in der Kaserne meines Dorfes stationiert war.

Mit dem Schaumlöffel hole ich das letzte Reisbällchen aus der Fritteuse. Ich wasche mir die Hände und trete hinter der Theke hervor.

Es ist der 15. September 2002, acht Uhr abends. Ich erinnere mich genau an den Tag und die Uhrzeit. An mein Gesicht. Und an das des Maresciallo.

Nur warum ich es getan habe, weiß ich nicht mehr. Aber ich habe es getan.

»Maresciallo?«

»Anna Maria, guten Abend.«

»Maresciallo, entschuldigen Sie …«

Ich gehe zu ihm und spreche leiser. Er beugt sich zu mir herüber.

»Jetzt arbeite ich und kann nicht aus der Küche weg. Ich muss Ihnen etwas erzählen … etwas sehr Heikles. Es ist wichtig. Sie müssen mich anhören. Aber Sie dürfen niemandem sagen, dass ich mit Ihnen gesprochen habe. Niemandem, hören Sie? Sie müssen einen Weg finden, mir zu helfen. Ich erzähle Ihnen alles, und Sie ermitteln dann … und so helfen Sie mir.«

Ich spreche in einem durch, ohne einmal zwischendrin Luft zu holen.

»Wir müssen meiner Schwester helfen. Es ist alles sehr schwierig. Und wichtig. Niemand darf davon wissen«, füge ich mit dem letzten Atem, der mir geblieben ist, hinzu.

Der Maresciallo wirkt verblüfft. Zögert ein wenig, bevor er antwortet. In einer Hand hält er seine Mütze, in der anderen die kleine Pizza, die er gerade gekauft hat.

Nun sage ich auch nichts mehr. Ich schaue mich um. Er ist der einzige Kunde in der Rosticceria.

Darauf hatte ich gar nicht geachtet, als ich die Küche verlassen habe.

Im Gastraum ist niemand außer mir, dem Maresciallo und dem Mädchen am Verkaufstresen, das zum Glück gerade mit ihrem Handy telefoniert. Niemand sonst.

»Worum geht es denn, Anna Maria?«, fragt mich der Maresciallo schließlich.

»Nein, das kann ich Ihnen nicht hier und jetzt erzählen. Die Sache ist schwierig. Das dauert. Außerdem, wenn man uns miteinander reden sicht, könnte ich Schwierigkeiten bekommen. Wir müssen einen Weg finden … Sie müssen mir helfen.«

»Warum kommst du nicht zu uns in die Kaserne? Vielleicht morgen früh, jetzt ist es ja schon Abend. Du lässt mich rufen, und wir reden dort in aller Ruhe.«

»Nein, nein.« Ich weiche zurück. Bin versucht, in die Küche zurückzugehen.

Der Maresciallo legt mir eine Hand auf die Schulter. Ganz leicht.

»Anna.«

»Maresciallo, nein, in die Kaserne, das geht nicht, wenn die sehen, dass ich dort hineingehe, wissen die sofort Bescheid.«

»Hast du denn etwas beobachtet? Hast du zu Hause Probleme?« Er sieht mich forschend an und versucht, sich einen Reim darauf zu machen.

»Maresciallo, machen wir es doch so: Können Sie morgen noch mal herkommen? Am Nachmittag?«

»Hierher?«

»Ja, hier in der Rosticceria ist es besser. Treffen wir uns morgen um fünf hier vor der Tür, bevor ich mit der Arbeit anfange. Dann erzähle ich Ihnen alles. Und danach entscheiden wir.«

»In Ordnung, Anna Maria. Keine Sorge. Ich verspreche dir, dass ich morgen Nachmittag komme.«

»Ich glaube Ihnen, dass Sie kommen. Ich habe weder Brüder noch Vettern, die mir helfen können. Aber dann habe ich Sie gesehen ... Ich weiß nicht, an wen ich mich sonst wenden könnte.«

»Anna Maria, mach dir keine Sorgen, wir treffen uns morgen Nachmittag, und du wirst sehen, es ist nicht so schlimm, und es wird sich alles lösen.«

»Aber sprechen Sie bitte nicht mit meinen Eltern. Sie dürfen mit niemandem reden. Erst müssen Sie mich anhören. Dann ...«

»Wir sehen uns morgen, Anna.«

»Bis morgen.«

* * *

Der arme Maresciallo. Er hatte keine Ahnung, was ihm ein sechzehnjähriges Mädchen erzählen könnte. Aber jetzt weiß er es. Jetzt wird er mir helfen. Und selbst wenn ich es allein tun muss, werde ich das durchstehen.

Am folgenden Tag um fünf Uhr wartet der Maresciallo vor der Rosticceria. Ich gehe nicht zur Arbeit. Meiner Chefin erkläre ich, dass ich ein Problem hätte. Sie ist nett und gibt mir einen Tag frei. Um 17.20 Uhr betreten der Maresciallo und ich zusammen die Kaserne.

Das Dorf

»Die Leute sagen, du triffst dich mit meinem Mann.«

»Die Leute sagen, du treibst es mit meinem Verlobten.«

Zwei Frauen nähern sich Anna Maria auf der Straße. Packen sie am Arm. Eine von vorn, eine von hinten. An der Seite ist eine Hausmauer.

»Nein. Das stimmt nicht. Nein.«

»Und warum gibt es dann diese Gerüchte?«, sagt die erste.

»Warum?«, wiederholt die zweite.

»Das weiß ich nicht. Ich treffe mich mit niemandem. Und jetzt lasst mich los, ich muss nach Hause.«

Die erste lockert den Griff. Dann die zweite.

Beide treten einen Schritt zurück.

Anna drängt sich durch. Langsam geht sie nach Hause, ohne sich einmal umzudrehen.

Die Kaserne

*D*omenico Cucinotta habe ich als Ersten kennengelernt. Das war am 11. März 1999, ich erinnere mich so genau daran, weil es mein Geburtstag war. Ich hatte das Haus verlassen, um die Zutaten für die Torte zu kaufen, und da hat mich Cucinotta, in dessen Wagen auch Domenico Iannello saß, angesprochen. Ich bin nicht gleich stehen geblieben, aber da er mir mit dem Wagen gefolgt ist, bin ich dann doch stehen geblieben.«

Ich beginne zu erzählen. Zwei Fremden erzähle ich alles. Dem Capitano der Carabinieri von Taurianova und einem Brigadiere, der ihm nicht von der Seite weicht. Maresciallo C. ist ebenfalls da, aber er verlässt immer wieder den Raum.

Das erste Mal bleibe ich sechs Stunden in der Kaserne von Taurianova. Bis um elf Uhr abends. Ich erzähle alles, ohne eine einzige Träne. Ich sitze vorne auf der Stuhlkante. Stütze mich mit den Händen auf den Schreibtisch und erzähle.

Ich glaube nicht, dass ich besonders viel Mut habe. Oder besonders stark bin. Ich musste es tun, also tue ich es. Hass empfinde ich dabei nicht, weder denen noch mir gegenüber. Es ist eben geschehen. Ich denke nicht an das, was danach passieren wird. Oder an das, was bereits passiert ist. Ich erzähle das Vergangene einfach so, wie es gewesen ist. Mit dreizehn war ich noch zu klein, um es zu begreifen. Auch jetzt bin ich nicht viel älter, aber diese letzten drei Jahre sind endlos lang gewesen, und jetzt bin ich alt genug, um eins zu begreifen: Sie dürfen meine Schwester nicht in die Finger bekommen.

Um neun Uhr abends sitze ich immer noch in der Kaserne.

»Capitano?«

Der Capitano sieht mir in die Augen. Ab und an fährt er sich mit einer Hand in den Nacken und dann von hinten über den Kopf. Wenn er das tut, unterbreche ich meine Erzählung, um sie gleich danach wieder aufzunehmen. Er hat die Mütze abgesetzt und den Knoten seiner Krawatte gelockert. Nie lässt er mich aus den Augen.

Der Brigadiere schreibt unser gesamtes Gespräch mit.

»Capitano, ich müsste zu Hause Bescheid geben, aber ich weiß nicht, was ich sagen soll. Wir brauchen einen Vorwand. Ich kann nicht sagen, dass ich hier bei Ihnen bin, sonst bekomme ich ziemliche Schwierigkeiten.«

Ich habe den ganzen Arbeitstag versäumt. Die Besitzerin der Rosticceria weiß, dass ich bei den Carabinieri bin. Aber ich möchte nicht, dass meine Mutter oder mein Vater wütend werden. Sie wissen nichts. Noch nicht. Aber jetzt werden sie es erfahren … allein der Gedanke daran nimmt mir den Atem.

»Hast du Hunger, Anna?« Der Capitano durchbricht die Panik in meinen Augen und geht mit einer Frage darauf ein.

»Ja, schon ein bisschen«, meine ich unsicher.

»Brigadiere, lassen Sie drei Pizzas kommen, jetzt essen wir erst mal, dann bringen wir dich nach Hause und machen morgen weiter.«

Wir machen noch eine Stunde weiter, bis die Pizzas kommen.

Wie gut diese Pizza schmeckt. Wie gut eine Pizza schmeckt, wenn man endlich in Sicherheit ist.

Als wir fertig sind, sage ich dem Capitano, dass ich lieber allein nach Hause gehen möchte. Ich werde mir eine Ausrede einfallen lassen, irgendein Problem in der Küche. Ich verlasse die Kaserne und kehre in die Rosticceria zurück. Die Chefin räumt gerade die Küche auf. Ich danke ihr für ihre Hilfe und sage ihr, ich hätte ein großes privates Problem gehabt. Sie ist freundlich und stellt mir keine Fragen. Vielleicht ahnt sie etwas. Sie vertraut mir.

Ich helfe ihr bei den letzten Aufräumarbeiten, und danach bringt sie mich mit ihrem Wagen nach San Martino.

Ich weiß nicht, warum sie nicht ärgerlich ist, dass ich mir den Tag frei genommen habe, und warum sie mir keine Fragen gestellt hat. Aber es war so selbstverständlich. Es musste so sein. In ihrer Rosticceria habe ich den Mut gefunden, alles anzuzeigen, es gab eigentlich keinen besonderen Grund, aber ich werde ihr immer dankbar sein, auch dafür, dass sie mich nach Hause gefahren hat und dass sie mir einfach vertraut hat.

Ich fühle mich vom Glück beschenkt.

Als ich nach Hause komme, schlafen dort alle.

Und morgen? Was wird morgen passieren?

Wie lange schon habe ich nicht mehr an ein Morgen gedacht! Ich schlafe nicht. Auch diese Nacht nicht, aber diesmal ist es anders. Ich bin noch hungrig.

Ich bleibe regungslos in meinem Bett liegen, bis ich von fern den ersten Hahnenschrei höre.

Am folgenden Tag wird ein junger Mann in die Kaserne einbestellt, von dem ich erzählt habe, dass Domenico Iannello ihn einmal eingeladen hat, mit uns raus zu dieser Hütte zu fahren, der aber dieses Angebot nicht angenommen hat. Die Carabinieri haben vor, mit dem äußeren Umfeld zu beginnen. Sie befragen ihn, um herauszufinden, ob ich die Wahrheit erzählt habe.

Und er antwortet: »Anna Maria? ... Ja, die kenne ich gut ... die ist leicht zu haben, ich meine, die geht doch mit jedem mit, und wenn sie sich in den Kopf setzt, mit jemandem ins Bett zu gehen, dann tut sie das auch. Soviel ich weiß, hat sie sogar mal einen alten Mann belästigt ... die taugt nichts. Soviel ich weiß, gehen viele Männer aus San Martino mit Anna Maria Scarfò ins Bett, darunter auch meine Vettern Domenico und Michele Iannello, und Cutrupi ... Aber ich betone, das sind nur Gerüchte, was man sich eben so im Dorf erzählt. Ich habe sie nie dabei beobachtet. Sie wollte auch was von mir, aber ich habe mich geekelt. Ich habe sie nie in meinen Wagen steigen lassen.«

Nach ihm bestellen die Carabinieri einen zweiten Zeugen ein.

»Die taugt nichts ... die ist viel zu vertraulich mit allen ... ein freches junges Ding, das im Minirock herumläuft«, erzählt auch der zweite Mann.

Nun erkennen die Carabinieri, dass ich die Wahrheit gesagt habe.

Sie haben es begriffen, und sie waren es, die mich gerettet haben. Männer, die mich vor anderen Männern retten. Ich hatte geglaubt, ich würde nie wieder einem Mann vertrauen können. Aber sie sind ganz anders.

Von da an trage ich in meiner Geldbörse immer das Foto eines Carabiniere bei mir. Ich weiß nicht einmal, ob er wirklich Carabiniere ist, aber die Uniform sieht zumindest echt aus, und davon verstehe ich inzwischen etwas. Ich habe das Bild aus einer Zeitschrift ausgeschnitten. Wenn jemand es sieht, fragt er sofort: »Wer ist das? Dein Verlobter?« Dann antworte ich: »Nein, mein Schutzengel.«

Das Dorf

Diesmal sind sie zu dritt. Wieder Frauen. Eine Verlobte, eine Mutter und eine Nichte.

»Hör auf, diese Gerüchte in die Welt zu setzen.«

»Was für Gerüchte?«, entgegnet Anna.

»Dass du mit unseren Männern zusammen bist.«

»Wer sagt das denn?«

»Du sagst das, du Lügnerin. Was willst du von ihnen?«

»Ich erzähle überhaupt nichts, und ich bin mit gar niemandem zusammen.«

»Du darfst solche Gerüchte nicht mehr in Umlauf bringen.«

»Ich bringe gar nichts in Umlauf.«

»Wir schlagen dein Gesicht zu Brei.«

Die Anzeige muss zurückgenommen werden

Zwei Tage später. Ungefähr vierzig Stunden sind vergangen, und ich kehre in die Kaserne zurück. Aber nicht, weil ich noch mehr erzählen will. Nein.

Meine Eltern haben herausgefunden, dass ich *die* angezeigt habe.

Michele Iannello hat es ihnen erzählt. Wieder der. Wieder die.

Er ist heute am frühen Nachmittag zu uns nach Hause gekommen.

»Guten Tag, Signora.«

Meine Mutter öffnet ihm die Tür.

»Ist Ihr Mann nicht da?«

»Nein, er ist bei der Arbeit. Zurzeit hat er als Mechaniker in Cittanova zu tun. Er kommt heute Abend wieder.«

»Wann?«

»So gegen sieben oder halb acht. Worum geht es denn, Michele? Du kannst es doch mir sagen.«

Er bleibt draußen vor der Tür stehen. Seltsamerweise fordert ihn meine Mutter auch nicht auf, hereinzukommen.

»Signora, Sie müssen besser auf Ihre Tochter Anna Maria aufpassen.«

Meine Mutter schließt die Tür ein wenig.

»Sie ist gestern zu den Carabinieri gegangen, um denen ir-

– 125 –

gendwelchen Unsinn zu erzählen. Ich komme heute Abend gegen halb acht wieder, um mit Ihrem Mann zu reden – und stellen Sie sicher, dass Anna bis dahin den Carabinieri erklärt hat, es sei nur ein Spaß gewesen. Denn sie weiß genau, was gelaufen ist, und wir sind verheiratete Männer, Familienväter ... Wir sind anständige Leute. Anna weiß das, und sie darf jetzt nicht so eine Dummheit machen, sonst werden wir mit ihrem Vater reden. Ich komme heute Abend wieder und bin überzeugt, dass dann alles in Ordnung sein wird.«

Ich höre alles mit und bleibe in meinem Zimmer.

Meine Mutter sagt kein Wort. Verabschiedet sich nicht einmal. Sie schließt die Tür, dann erscheint sie in der Tür meines Zimmers.

»Anna, was hast du getan? Anna, sind wir in Schwierigkeiten?«

Ich weiß nicht, wie Michele herausgefunden hat, dass ich bei den Carabinieri war. Vielleicht hat mich jemand dabei beobachtet, wie ich die Kaserne betreten oder verlassen habe. Oder vielleicht haben ihn die beiden gewarnt, die als Zeugen gehört wurden.

Am Nachmittag gehe ich wieder in die Kaserne. Wie immer ist der Capitano da.

»Capitano.«

»Ciao, Anna, alles in Ordnung bei dir?«

»Nein. Mein Vater und meine Mutter stehen draußen vor dem Tor. Michele Iannello hat von der Anzeige erfahren und hat ihnen gesagt, dass wir sie zurückziehen sollen. Meine Eltern stehen dort unten und warten.«

Wir sitzen in einem Büro im ersten Stock. Der Capitano steht auf und geht zum Fenster, um nachzusehen, ob meine Eltern wirklich dort unten stehen. Sie sind da.

Er kehrt zu seinem Schreibtisch zurück. Setzt sich hin und schweigt ein paar Minuten. Vielleicht auch weniger. Dann steht er wieder auf.

»Und was willst du selbst, Anna?« Der Capitano geht um den Schreibtisch herum und kommt auf mich zu. Er sieht mir in die Augen. Sein Gesicht ist entschlossen. Er sieht mich gelassen und energisch an. Ist so nah bei mir. Und erwartet eine Antwort von mir.

»Capitano, ich ... ich will sie nicht zurückziehen. Ich will weitermachen.«

Ich bin ein junges Mädchen. Sechzehn Jahre alt. Und ich bin von der Schule abgegangen. Ich habe nichts und bin ein Niemand geworden. Aber ich bin es leid. Ich bin an meine Grenzen gekommen. An den Punkt, wo der Schmerz stärker wird als die Furcht. Jetzt ist es Zeit, »Schluss damit!« zu sagen, die Augen nicht mehr zu verschließen und all mein Nichts aufs Spiel zu setzen. Ich kehre nicht um.

»Capitano, ich mache weiter. Ich werde es meinen Eltern erklären. Entschuldigen Sie mich bitte.«

Das Dorf

Das Schwein quiekt. Man stößt ihm einen spitzen Haken in den Rüssel, und das gefesselte Tier wird zu einem schräg stehenden, abgenutzten Holztisch geschleppt. Die Oberfläche

– 127 –

ist geneigt, damit das Blut in einen schwarzen Plastikeimer abfließen kann. Alles geht ganz schnell.

Zwei Männer legen das Tier auf die Platte. Sie schneiden ihm die Kehle durch. Zerteilen es. Gießen kochendes Wasser über den rosa Körper des Schweins und schaben die Borsten ab. Jeder Teil des Tieres wird zerschnitten, gekocht und später gegessen. Bei uns heißt das die »*Maialata*« – »Das Schweineschlachten«.

Das Schwein wird vorbereitet. Morgen wird ein Festtag sein.

Als Anna aufsteht und hinaus in den Garten geht, findet sie dort die aufgehängte Wäsche blutgetränkt vor. Die Wäschestücke triefen vor Blut und stinken. Zunächst begreift sie gar nichts. Sie geht näher heran. Berührt sie. Ihre Hand verfärbt sich von dem Blut. Sie schreit. Reißt die Wäscheleine herunter, dass die T-Shirts und Hosen auf den Boden fallen. Sie tritt sie mit Füßen und trampelt schreiend darauf herum. Sie schreit und wälzt sich auf der Erde, um das Blut nicht mehr sehen zu müssen.

Es ist das Blut aus dem Schweineeimer. Aber das weiß sie nicht.

Das Schwein quiekt wie am Spieß, und das Blut fließt über den alten Holztisch.

Meine Familie

Ich habe die Anzeige nicht zurückgezogen. Sie können sich vorstellen, wie mein Vater reagiert hat. Oder die Tränen meiner Mutter. Bis hierhin habe ich alles erzählt, ohne etwas zu verheimlichen, auszulassen oder abzuschwächen. Aber da ging es nur um mich und um sonst niemanden. Meine Eltern stehen auf einem anderen Blatt. Ihre Reaktion ist sehr menschlich. Diese Blicke. Diese Tränen. Ihre Angst. Ich habe nie Angst gehabt. Sie schon. Doch sie haben recht. Aus ihrer Sicht haben sie recht. Ich weiß bloß, dass sie mir jetzt zur Seite stehen. Und nur das zählt. Nur das. Ich weiß nur, dass ich weitergemacht habe.

Die Tage, in denen ich *die* angezeigt habe, möchte ich vergessen. Genau wie die Zeit danach.

In wenigen Monaten habe ich durch den ganzen Stress dreißig Kilo zugenommen. Weil ich zum ersten Mal wirklich allein war. Und ich hatte Angst.

Obwohl es nicht richtig ist, das zu sagen. Da waren die Carabinieri.

Ich liebe meinen Vater, obwohl ich kaum mit ihm rede. Manchmal spielen wir Karten, oder er geht mit mir in eine Bar, wo wir ein Eis essen.

Und ich liebe meine Mutter. Wenn ich nachts diese Asthmaanfälle bekomme und es nicht mehr in meinem Bett aushalte, steht sie ebenfalls auf und setzt sich mit mir in die Küche. Ganz nah zu mir. Die ganze Nacht bleiben wir in enger Umarmung so sitzen. Das ist Liebe. Selbst wenn sie das alles nicht versteht. Selbst wenn sie es vielleicht lieber gehabt hätte, dass ich erst mit ihr und dann mit den Carabinieri geredet hätte, liebt sie mich und steht auf meiner Seite.

Sie weiß schon, dass ich nicht mit ihr darüber sprechen konnte, dass ich rausmusste aus diesem Leben. Und dass sie mich, wenn ich geredet hätte, vielleicht beschützt, aber niemals zu den Carabinieri geschickt hätte.

Ich habe die Anzeige nicht zurückgezogen. Und jetzt bin ich im Garten unter dem Mandarinenbaum.

Heute Nacht schlafe ich nicht im Haus. Es regnet in Strömen, mir ist kalt, der Mond steht schweigend am Himmel. Aber ich bleibe hier, denn es ist besser so. Und man wird sehen, was morgen geschieht.

Ich denke wieder an ein Morgen. Und das gefällt mir. Das habe ich seit drei Jahren nicht mehr erlebt. Ein vollkommen neues Gefühl für mich. Und es gibt mir die Kraft, den Regen zu trinken und nicht zu weinen.

Ich sehe meine Schwester, die ihr Gesicht gegen die Fensterscheibe presst und hinausschaut. Sie sucht mich. Sie ist ahnungslos.

Ich bleibe die ganze Nacht über im Garten. Ich fliehe nicht, aber ich gehe auch nicht ins Haus zurück. Durstig sauge ich den Regen in mich ein. Ich, die ich seit drei Jahren nicht mehr weinen und mich nicht mehr im Spiegel ansehen kann, trinke die Tränen des Himmels und stille so meinen Durst.

Am 19. September geht meine Mutter zu den Carabinieri und schließt sich meiner Anzeige an.

Am 18. Oktober 2002 erteilt Staatsanwalt Giuseppe Adorno die Anordnung zur telefonischen Überwachung. Und ich werde vom Untersuchungsrichter gehört.

Das Dorf

»Kommen Sie! Kommen Sie schnell!«

Ein Anruf bei der Notrufzentrale der Carabinieri.

Es ist Anna. Sie weint und schreit.

Sofort ist ein Wagen da. Die Kaserne liegt in der Nähe.

Die Carabinieri müssen länger an die Tür klopfen.

Zunächst antwortet Anna nicht, dann weigert sie sich, die Tür zu öffnen. Als die Carabinieri endlich hereinkommen, sehen sie, dass sie weint. Anna ist allein zu Hause. Sie sitzt weinend am Küchentisch.

»Was ist passiert?«

Alles wirkt ruhig.

»Ich habe Angst. Solche Angst.«

Den Carabinieri gelingt es, Anna zu beruhigen. Mit einem großen Glas Wasser in den Händen, aus dem sie in kleinen Schlucken trinkt, beginnt Anna zu erzählen.

»Ich war allein zu Hause. Lag auf meinem Bett. Lag nur so da, als ich jemanden schreien hörte: ›*Nesci fuora puttana. Nesci fuora. Se sta vota ciu dici e carabinieri, ti bruci, ti ammazzo. Nesci fuora puttana.*‹ (Komm raus, du Nutte. Komm raus. Wenn du's diesmal den Carabinieri sagst, dann zünd ich dich an, ich bring dich um. Komm raus, du Nutte.)

Ich habe nicht reagiert. Der Mann hat weitergebrüllt, und dann habe ich Reifen quietschen gehört. Da bin ich aufgestanden und habe Sie angerufen. Der will mich wirklich umbringen.«

Die Avvocatessa

Anna Maria, dieser Prozess wird nicht einfach. Du musst auf alles gefasst sein, und wenn du willst, dass ich dich vertrete, musst du mir vor allem eins versprechen: Du darfst nie wieder Angst haben und musst klar und unumwunden alles erzählen, was geschehen ist. Du musst alles erzählen, sonst wird dir niemand glauben.«

Das sind die ersten Worte, die die *Avvocatessa* zu mir sagt. Sie heißt Rosalba Sciarrone.

Sie macht mir richtig Angst: »Man wird dich beschimpfen. Die werden schlimme Worte benutzen, alles daransetzen, um dich von einem Opfer zu einer zu machen, die das Ganze selbst herausgefordert hat. Bist du wirklich dazu bereit? Denn du wirst allein sein. Du wirst alles allein tun müssen.«

Sie jagt mir Angst ein. Aber ich mag sie sofort, weil sie klare Worte spricht und nicht versucht, alles einfacher erscheinen zu lassen, als es ist. Im Gegenteil. Sie sagt mir gleich, was passieren wird.

Ich nenne sie *Avvocatessa*, Anwältin, obwohl ich weiß, dass man im Italienischen eigentlich die männliche Form benutzen würde und *Signora Avvocato*, Frau Anwalt sagt.

Ich habe zwar nicht studiert, aber ich habe schon immer ein fehlerfreies Italienisch gesprochen, was bei uns, wo viele nur Dialekt sprechen, keine Selbstverständlichkeit ist. Und ich nenne sie auch nur so, um sie damit von ihrem Mann, dem *Avvocato*, zu unterscheiden. Er ist ein berühmter Strafrechtspezialist. Aber auch meine *Avvocatessa* ist gut. Ja, sie ist gut.

Mein Prozess zieht sich hin, aber ich gebe nicht auf, selbst als ich denke, dass uns niemand glauben wird, dass ich verlieren werde, mache ich weiter.

Wenn die *Avvocatessa* den Mut verliert, gebe ich ihr Kraft, und wenn ich den Mut verliere, tut sie es bei mir.

Rosalba ist eine schöne, hochgewachsene Frau. Direkt und auf das Wesentliche konzentriert. Eine berufstätige Frau, die immer auf dem Sprung ist. Sie fährt einen Jeep mit Automatikgetriebe, raucht blaue Pall Mall und trägt Stiefel unter den Jeans. Wenn sie läuft, hört man ihre Schritte. Genau wie sie selbst.

Eine Zeit lang wohne ich bei ihr. Das heißt, nachts komme ich zum Schlafen heim, aber tagsüber bin ich immer in ihrem Haus, meiner Zuflucht. Es hat auch einen schönen Garten mit vielen Pflanzen und Blumen, außerdem hat die *Avvocatessa* einen kleinen Hund namens Ugo. Ich liebe Ugo. Und er liebt mich. Wir überschütten uns mit Zärtlichkeiten.

Wenn ich an das Tor zum Haus der *Avvocatessa* klopfe, weiß Ugo schon, dass ich es bin, und läuft hin, um mich zu begrüßen.

Die *Avvocatessa* und ihr Mann haben mich gelehrt, was ein normales Leben ist, zum Beispiel am Sonntagvormittag im Garten zu arbeiten, alle gemeinsam an einem Tisch zu essen, Geschenke zu bekommen.

Vom Tag meiner Anzeige an hat sich in meinem Leben vieles verändert. Das verdanke ich den Carabinieri und der *Avvocatessa*. Meine Familie hat meine Entscheidung respektiert, aber Rosalba hat sie unterstützt. Das ist ein Unterschied. Eine Frage von Energie. Bei uns zu Hause fühle ich mich so erschöpft, und bei ihr fülle ich meine Kraftreserven auf. Dank ihr zögere ich nicht mehr. Dank ihr stelle ich mich den Untersuchungen bei Frauenärzten und Psychiatern, den Vernehmungen. Dank ihr stelle ich mich dem Prozess.

✳ ✳ ✳

Am 28. Oktober 2002 beantragt Staatsanwalt Adorno beim zuständigen Richter Haftbefehle für die sechs Männer, die ich angezeigt habe. Am 30. Oktober schenken mir die Carabinieri von San Martino Diana. Sie rufen mich in den Garten und sagen, ich soll mal nachsehen, was im Ofen ist. Zunächst verstehe ich nicht, was das soll. Ich öffne den Ofen, und auf den Tonziegeln sehe ich eine rote Decke und darauf ein weißes Fellbündel, das mich mit zwei funkelnden Augen ansieht.

»Wir haben den Hund bei jemandem in der Nähe der Kaserne gekauft. Er gehört dir. Nein, sie gehört dir, denn es ist ein Weibchen. Sie ist nicht Sissi, aber du wirst sehen, dass sie wachsen und ein großartiger Wachhund werden wird. Sie ist ein Mischling, und sie hat viel von einem Maremmen-Abruzzen-Schäferhund mit drin.«

Als ich sie auf den Arm nehme und sie mir über das ganze Gesicht schleckt, denke ich, dass ich verrückt werde vor Freude.

Es ist Liebe auf den ersten Blick. Man sieht den Carabinieri von San Martino an, wie glücklich sie über ihren Einfall sind.

Ich werde sie Diana nennen. Dafür gibt es keinen besonderen Grund, es ist einfach der erste Name, der mir einfällt. Doch meine *Avvocatessa* erklärt mir etwas, was ich nicht wusste. Sie erklärt mir, dass Diana die Göttin der Jagd und des Kampfes ist. Also der passende Name für jemanden, dem ein schwerer Kampf bevorsteht.

Sie sagt mir auch, dass Diana die Beschützerin der Frauen ist.

Auf diese Weise wird Diana zu einem Teil meines Lebens.

Das Dorf

»Mich interessiert die nicht.«

»Da tust du gut daran.«

»Ich habe nie ein Wort an die gerichtet. Aber sie war immer so fröhlich und hat mit jedem geredet. Sie kam zur Bar und grüßte alle.«

»Ja, die ging auf Männerjagd.«

»Seit sie ein kleines Mädchen war.«

»O ja. Was man so ›kleines Mädchen‹ nennt ... heute sind die doch schon mit dreizehn ausgewachsene Frauen. Wenn sie sich dann schminken und so anziehen, dann kann man weiß Gott nicht mehr von kleinen Mädchen reden. Da muss man sich in Acht nehmen.«

»Na klar, da genügt ein Blick, ein harmloser Gruß, und du siehst ja, was dann passiert!«

»Schrecklich, diese Geschichte. Ich bin ja kein Heiliger, aber …«

»Na, um Gottes willen, ich auch nicht.«

»Aber das sind doch auch keine Monster.«

Sie sitzen zu viert auf der Bank. Zwei alte Männer und zwei jüngere. Es reden nur die alten Männer. Die jungen tippen SMS in ihre Handys.

Das Fest des Heiligen Martin

Die weißen und roten Federn auf dem Helm des Heiligen Martin sieht man als Erstes aus der Kirchentür kommen. Dann folgt ein wenig schwankend der Heilige hoch zu Ross.

Er wird von Beifall empfangen.

Heute Morgen habe ich das Haus verlassen. Es ist das Fest des Heiligen Martin. Ich mag eigentlich nicht mehr unter Leuten sein. Ich ertrage diese Blicke nicht und diese Wortfetzen, die ich von ihren Lippen ablese. Es sind nie ganze Worte, und ich muss sie nicht hören, um zu wissen, dass es sich um Drohungen handelt. Diese Drohungen lese ich in den grimmigen Falten um ihren Mund, in den zusammengepressten, gekräuselten Lippen, in den nach oben gezogenen Augenbrauen. Drohungen muss man nicht hören. Man sieht sie auf den Gesichtern der Leute.

Aber sie können mich nicht zu Hause einsperren. Heute ist das Dorffest, und meine Schwester und ich sind auf die Piazza gekommen. Wir halten uns bei den Händen und folgen inmitten der Menge dem Heiligen Martin. Wir schauen vor uns und folgen unserem Heiligen, denn der Heilige Martin gehört allen. Selbst wenn ich nicht Beifall klatsche.

Jemand schießt Böller in die Luft. Hunde bellen, kleine Kinder weinen. Das ganze Dorf bewegt sich langsam hinter der Statue her. In der ersten Reihe drei Ministranten ganz in

Weiß, einer hält einen Stock in die Höhe, an dem der Lautsprecher befestigt ist. Der Pfarrer liest die Messe. Die Dorfkapelle spielt. Und der Heilige Martin bedroht mit gezücktem Schwert sein Dorf.

Überall sind Carabinieri. Wenn ich sie ansehe, verfliegt meine Angst, und ich laufe weiter, halte meine Schwester ganz fest bei der Hand.

Die Mädchen aus dem Dorf sind alle geschminkt, tragen hohe Stiefel und ganz kurze Jäckchen, die sie auf dem Markt von Soverato gekauft haben. Unter den Hosen zeichnen sich Spitzentangas ab. Eigentlich hat jede von ihnen schwarze Haare, aber alle haben sie gefärbt. Und so sieht man in der Menge ein schwankendes Meer aus blonden, roten, kastanienbraunen Köpfen, mit Extensions oder mit geglätteten Haaren.

Liebespärchen laufen Arm in Arm. Die jungen Männer haben alle das Handy in der Hand und verschicken SMS. Die älteren Damen sind beim Friseur gewesen, und ihre mit Haarspray festbetonierten grauen Haare trotzen standhaft dem Wind. Mütter schieben Kinderwagen mit zwei oder drei Kindern, die sich darauf festklammern. Die Trompeten klingen hell. Freundinnen haben sich untergehakt und schlendern hüftwackelnd vorbei, gefolgt von Jungs in Dreiergrüppchen.

Das Dorf hat sich festlich herausgeputzt. Auf der Hauptstraße hat man die Lichtergirlanden angebracht. Sie werden heute Abend brennen. Und da sind schon die Stände mit den rot-weiß gestreiften Schirmen, den kandierten und den getrockneten Früchten.

Wir sind alle da. Zweitausend Menschen. Vielleicht etwas

weniger. Wir kennen einander. Grüßen einander. Wir zeigen
uns. Laufen hinter dem Heiligen her.

Es ist November und ein wirklich warmer Tag.

Das Dorf

Der Wagen fährt durch die Straßen des Dorfes. Anna hat sich
zwischen den Sitzen zusammengekauert. Über ihr liegen die
Jacken. Alle sehen das Auto. Einige sehen auch Anna. Viele
wissen Bescheid. Inzwischen ist es kein Geheimnis mehr.
Man gibt damit an.

Niemand stoppt diesen Wagen. Niemand stellt Fragen.
Das Dorf lebt sein Leben weiter, es schaut zu und beginnt
zu reden. Zunächst spricht man nur zu Hause, mit den Verwandten, dann mit den Freunden. Auf der Piazza. In der Kirche.

Es ist kein Geheimnis mehr.

Der Eselstanz

Vor und zurück. Vor. Drehen. Drehen. Drehen. *U ciucciu sulu un ba a nessuna parti (Der Esel kommt allein nirgendwohin).* Genau wie mein Dorf. Aber der Esel tanzt, tanzt in der Dunkelheit, und aus seinem Maul kommt Feuer. Die beleuchtete Kirche schwebt über der eifrig klatschenden Menge.

Ta, Ta, Ta.

Die Tarantella beginnt. *U ciucciu*, der Esel, dreht sich, das Dorf tanzt durch den Rauch, der von den gerösteten Maroni aufsteigt, und den würzigen Duft des neuen Weins.

Der Esel ist aus Holz, und ein Mann in einem weißen T-Shirt mit bis zu den Unterschenkeln aufgekrempelten Jeans und nackten Füßen trägt ihn auf dem Kopf. Vor. Und zurück. Der Mann verschlingt die Füße ineinander. Er dreht sich und springt. Der Eselsmensch wird nie müde. Er tanzt, und das ganze Dorf schlägt mit Händen und Füßen den Takt dazu. Der ganze Platz tanzt. Vor und zurück, und er kommt doch nicht vorwärts, nirgendwohin.

Der Esel spuckt Licht, Sterne und Leuchtfäden. Der Mann beugt sich unter diesem Lichtregen. Die Tamburine schlagen den Takt.

Ta, Ta, Ta. U ciucciu wird zum Feuerball.

Meine Augen brennen.

Heute Morgen die Prozession und am Abend das große

Fest auf der Piazza mit der Musik und dem Eselstanz. Heute kennt das Dorf keine Müdigkeit. Ich bin auch am Abend ausgegangen. Aber diesmal allein.

Von dem Tag an, an dem ich alles angezeigt habe, sind die Drohungen immer penetranter geworden. Meine Mutter wollte nicht, dass ich heute Abend das Haus verlasse. Aber ich gebe nicht nach. Nicht meiner Mutter. Und nicht denen.

Ich will mich nicht verstecken. Sollen sie mich doch beschimpfen. Mich bedrohen. Was können sie mir schon tun? Niemand kann mir mehr etwas antun. Denn sie haben schon alles getan, und sie kennen die Wahrheit, genau wie ich.

Und ich weiß noch etwas: Ich weiß, was morgen geschehen wird. Deshalb fühle ich mich stark. Deshalb habe ich meine Schwester heute Morgen auf die Piazza gebracht, damit wir uns die Prozession ansehen, und deshalb bin ich heute Abend gekommen, um mir dort das Feuerspektakel anzusehen. Ich schließe die Augen.

Ta, Ta, Ta.

Der Rhythmus wird schneller. Und ich lasse den Esel sich drehen. Verlasse die vom Feuerwerk beleuchtete Piazza, wo die Musik das Raunen der Menge übertönt, die Stimmen, die Drohungen. Ich gehe nach Hause. Auf dem Heimweg erkenne ich keinen Menschen. Ich sehe nur Augen, Münder. Ich rieche Haut und geröstete Maronen. Rauch und Wein. Eau de toilette für Männer aus dem Supermarkt, Haarspray und Aftershave.

Ohne es zu bemerken, beginne ich mit gesenktem Blick zu rennen, presse mir die Hände auf die Ohren, um nichts zu hören. Mein Körper muss rennen, und mein Kopf braucht die Stille.

Das Dorf mag es nicht, wenn man es herausfordert.

Die Musik hallt in meinem Herzen wider, und ich kann sie nicht daraus vertreiben.

Ta, Ta, Ta.

In der Nacht vom 12. auf den 13. November klopfen die Carabinieri an sechs Türen. Sie gehen zu Domenico Cucinotta, Domenico Cutrupi, Domenico und Michele Iannello, Serafino Trinci und Vincenzo La Torre. Mit einem Haftbefehl.

Ich bin zu Hause. In meinem Zimmer. Aber wenn ihre Frauen, ihre Mütter, ihre Verlobten die Tür öffnen, werden sie mich vor sich sehen.

Ta, Ta ... t ... a

Endlich verklingt die Musik.

Stille.

Das Dorf

»Also, diese Scarfòs sind doch wirklich unverschämt.«

»Was haben sie denn jetzt wieder angestellt?«

Die beiden Frauen sprechen auf dem Kirchplatz miteinander, bevor sie zur Messe gehen.

»Ich habe gehört, dass die Gemeinde von Taurianova der und ihrer Familie eine Wohnung und sogar eine feste Stelle für den Vater angeboten hat, aber sie haben abgelehnt.«

»Eine Wohnung und eine feste Stelle?«

»Ich schwöre es dir. Das weiß ich genau. Mein Vetter arbeitet in der Gemeindeverwaltung von Taurianova.«

»Und warum?«

»Weißt du, nach den Zeitungsartikeln und dieser Geschichte mit dem Stalking ... Stolking ... oder wie heißt das noch?«

»Und sie haben abgelehnt?«

»Eine meiner Cousinen, die auch mit denen verwandt ist und deshalb mit denen redet, hat mir erzählt, sie wollen San Martino nicht verlassen, weil sie Angst haben, dass man sie dann in einen Topf mit den Mafiazeugen wirft.«

»Worüber beschweren die sich dann? Die wollen doch hier bleiben.«

»Also ich glaube, die fühlen sich jetzt wie was ganz Besonderes. Die machen sich einen Spaß daraus, uns zu reizen, und danach rufen sie sofort die Carabinieri, und die Ärmsten müssen dann angerannt kommen.«

»Was für eine Geschichte.«

»Einfach unverschämt.«

»Hat in der Zeitung gestanden, dass sie die Wohnung und die Stelle abgelehnt haben?«

»Na ... die Zeitungen schreiben doch auch nicht alles. Nur das, was ihnen in den Kram passt.«

»Lass uns gehen, die Messe beginnt gleich.«

»O ja, ich muss ein Ave Maria für dieses unglückselige Mädchen sprechen, vielleicht kommt sie ja zur Vernunft.«

»Was für eine Geschichte.«

»Unverschämt.«

Der neue Hosenanzug

Ich habe mir ein neues Ensemble gekauft. Graue Hosen und eine graue Jacke aus einem leicht glänzenden Stoff. Diese Sachen habe ich für den Prozess gekauft.

Ich habe die Brüder Iannello angezeigt, und Cutrupi und Cucinotta. Aber sie waren nicht die Einzigen.

Ich habe der *Avvocatessa* nicht alles erzählt, ja, nicht einmal Ihnen. Oh, mein Gott, nein.

Aber ich musste irgendwo anfangen. Und da habe ich mit denen begonnen, weil sie die Ersten waren.

Ich konnte nicht gleich alles erzählen, dann hätte mir niemand geglaubt, nicht einmal Sie. Man muss es Schritt für Schritt angehen.

Kalabrien ist ein Land mit einer tiefen Seele, und die muss man langsam entdecken, man darf sie nicht provozieren, sonst kommt man nicht weit. Ich habe nicht alle Männer angezeigt, die mich missbraucht haben, weil einige von ihnen gefährlich sind. Sie laufen bewaffnet herum, sind Mafiosi. Jetzt ist es heraus, ich habe es gesagt. Aber mehr sage ich nicht, denn wir sind in Kalabrien, und ich habe zwar keine Angst, aber ich bin auch nicht naiv. Jeder in Kalabrien kennt die Regeln, und die kann man zwar ein wenig ändern, aber nicht völlig über den Haufen werfen. Ich bin nicht verrückt. Das bin ich nie gewesen. Glauben Sie jetzt nicht, mein Verhalten sei von Angst bestimmt

— 145 —

oder schlimmer noch, dass ich lieber klein beigebe. Nein. Denn letzten Endes habe ich sie doch alle angezeigt. Als ich begriffen habe, dass die Justiz mir geglaubt hat, habe ich sie alle angezeigt. Als ich die Macht meiner Wahrheit erkannt habe, habe ich einen weiteren Prozess angestrengt.

Aber ich greife zu weit vor. Weil ich so aufgewühlt war, als ich mich an meinen ersten Verhandlungstag im Gericht von Palmi erinnerte. Ich werde bald auch von dem zweiten Prozess erzählen. Aber jetzt sind wir noch beim ersten. Ich hatte Ihnen gerade von dem neuen, sehr schicken Hosenanzug erzählt, den ich mir gekauft habe.

Doch im letzten Moment entscheide ich mich, ihn doch nicht anzuziehen. Ich will mich nicht anders fühlen als sonst, es ist unbehaglich. Das wird der schwerste Tag meines Lebens. Ich werde sie alle wiedersehen. Domenico Cucinotta, Michele, seinen Bruder, Cutrupi. Ich auf der Seite der Anklage, sie auf der anderen.

Ich habe sie nicht mehr gesehen, seit sie verhaftet wurden.

Sie haben das abgekürzte Verfahren gewählt. Die *Avvocatessa* hat mir erklärt, das sei ein Vorteil. Wenn sie denn verurteilt würden, fiele ihre Strafe zwar etwas milder aus, aber das wäre trotzdem eine Art Schuldeingeständnis. Und das ist gut.

Aber ich vertraue auf nichts und niemanden. Und wenn der Richter denen glaubt? Ich bin bereit zu kämpfen. Und wenn ich schon kämpfen muss, will ich keinen neuen Anzug tragen, der nicht zu mir passt, in dem ich mich nicht zu Hause fühle. Der Richter, *die,* sie alle sollen keine herausgeputzte, falsche Anna Maria sehen, in einem teuren Hosenanzug aus glänzendem Stoff. Sie sollen mich so sehen, wie ich bin, wie ich jeden Tag bin. Meine Wahrheit muss bei mir selbst anfangen.

Deshalb lasse ich den neuen Anzug auf dem Bett liegen, obwohl meine Mutter heftig protestiert. Ich ziehe mir ein Paar Blue Jeans an, ein Jeanshemd, weiße Turnschuhe und eine schwarze Jacke.

Das ist Anna Maria. Anna trägt Jeans und Turnschuhe.

✳ ✳ ✳

Ein Wagen der Carabinieri holt mich ab. Mein Vater und meine Mutter begleiten mich zum Gericht. Ich steige ein. Blicke zurück zu dem Haus, in dem wir wohnen. Betrachte das glatte Gesicht meiner Mutter. Und das zerfurchte, von der Sonne ausgedörrte Gesicht meines Vaters. Ich nehme ihre Hände, und wir fahren.

Heute beginnt der Prozess.

Das Dorf

»Die hat dafür gesorgt, dass man sie verhaftet hat.«

»Diese Nutte, *fatica de notte, vrigogna de juarnu.*«

»Ja, genau, wer es nachts treibt, trägt am Tag die Schande. Die hat sie ins Gefängnis gebracht. Obwohl sie zu Hause Frauen und Kinder haben.«

»Diese Hure.«

»Und jetzt ist der Prozess. Jetzt müssen sie vor den Richter.«

»Diese Hure.«

Das Gericht

*I*n meinem Kopf dreht sich alles. Ich kannte das Gerichtsgebäude von Palmi nicht. Es sieht aus wie ein Bunker. Oder vielleicht wie ein Bienenstock, ja genau, wie ein gepanzerter Bienenstock, der von Tausenden Bienen umschwirrt wird, die hinein- und herauswollen. Männer in Anzug und Krawatte, Frauen im Kostüm und hochhackigen Schuhen. Ihre Absätze klappern durch die Eingangshalle und vermischen sich mit dem Summen des Bienenstocks. In meinem Kopf dreht sich alles. Ich verstehe nicht, was sie sagen, aber alle reden und laufen schnell. Das Portal vor mir ist riesig. Ich fühle mich so winzig klein.

Es ist der 4. Dezember 2002. Der Anfang meines neuen Lebens, wiederhole ich mir. Jetzt schreite ich durch dieses Portal, und alles wird neu. Von hier aus. In diesem Moment. Obwohl ich Angst habe.

Ich betrete den Bunker. Stumm schreite ich durch das Stimmengewirr.

Ich bin sechzehn Jahre alt. Ich schaue mich im Gerichtssaal um. Der Richter vor mir trägt eine schwarze Robe. Hier gibt es Schutzzellen aus Panzerglas für die Angeklagten. Sie sind leer. Aber sie sind real.

Die. Cucinotta, die Brüder Iannello, Cutrupi. Sie sitzen nicht in den Zellen, sondern auf Bänken.

Ich setze mich ebenfalls.

Der Prozess beginnt. Das verkürzte Verfahren.

Erst spricht der Staatsanwalt. Dann die Verteidigung. Ich höre zu und warte ab.

Die Verteidigung bestreitet, dass »die Beschuldigten« je sexuelle Kontakte mit mir gehabt hätten. Aber nicht nur das, sie bestreiten sogar das Offensichtliche, dass sie ganz harmlosen, freundschaftlichen Kontakt mit mir gehabt hätten. Wir sind ein Dorf mit zweitausend Einwohnern. Fünfzig Straßen, ein Lebensmittelgeschäft, eine Kirche und eine Bar, und die schwören doch wirklich, sie hätten mich kaum gekannt. Da es sich um ein verkürztes Verfahren handelt, werden ihre Aussagen von den Anwälten verlesen, sie sind schriftlich niedergelegt.

Wie können sie es wagen?

»Wir kennen sie kaum, und das auch nur, weil wir im gleichen Dorf leben«, heißt es da immer wieder.

»Die lügen, *Avvocatessa*, die lügen«, sage ich leise zu meiner Anwältin.

»Ganz ruhig, Anna. Mach dir keine Sorgen, es ist alles in Ordnung«, flüstert sie mir ins Ohr.

»Aber die können doch nicht einfach behaupten, dass sie mich nicht kennen.« Ich will aufstehen, zu denen hingehen und sie verhören. Die sollen mir in die Augen sehen und dann sagen, sie kennen mich nicht.

»Anna, die wissen nicht, was sie sagen sollen. Das ist eine verzweifelte Verteidigung, und du wirst sehen, dass das auch der Richter begreift. Das kann für uns nur von Vorteil sein, wenn es so unglaubwürdig ist, dass sie dich angeblich gar nicht kennen. Warte ab. Ganz ruhig. Alles läuft gut.« Die

Avvocatessa hält mich mit einem Arm und dem beruhigenden Ton ihrer Stimme zurück.

»Anna Maria Scarfò ist leicht zu haben.« Das sagt Michele Iannello. Und sein Bruder Domenico sagt das Gleiche.

Ich reiße mich zusammen. Ich verkrampfe die Hände im Schoß und warte ab, wie Rosalba mir geraten hat. Aber das ist das letzte Mal, dass sie mich verhöhnen können. Ich mache da nicht mehr mit.

Michele erklärt ganz ruhig, er wäre mir nur einmal kurz begegnet. Er sagt, ich wäre an seinen Wagen gekommen und hätte gesagt: »Mit mir erlebst du glückliche Tage.« Und dann hätte ich ihn noch zweimal auf dem Handy angerufen.

Die *Avvocatessa* nimmt meine Hand und drückt sie ganz fest. Ich erwidere den Druck. Und warte.

Jetzt ist Cucinotta dran. Sogar er erklärt, er sei mir nur einmal begegnet. Ein einziges Mal. Und aus welchem Grund? Einer seiner Freunde hätte ihn gefragt, ob er wirklich mit mir verlobt sei, deshalb hätte er mich auf der Straße angehalten, um eine Erklärung von mir zu verlangen, aber ich sei weggelaufen.

»Das ist das einzige Mal, dass ich mit der Scarfò gesprochen habe. Ich hatte nie sexuellen Kontakt mit ihr.«

Das ist doch lächerlich. Was reden die da? Was erzählen die da für Sachen?

Die Verhandlung dauert mehrere Tage. Jedes Mal höre ich nicht mein Leben, nicht das, was mir widerfahren ist, sondern eine parallele Wahrheit. Geschichten aus einem Dorf, das es so nicht gibt.

Nur Domenico Cutrupi bestreitet überraschenderweise,

wie mir meine Anwältin erklärt, nicht, mich zu kennen. Im Gegensatz zu den anderen gibt er unsere Treffen zu, behauptet allerdings, sie hätten vor ungefähr einem Jahr geendet. Und er sei es gewesen, der damit aufgehört hätte. »Da es Gerüchte gegeben hatte, dass die Scarfò mit uns zusammen war, trafen wir uns nicht mehr mit ihr, um übles Gerede zu vermeiden.«

Jeden Abend nach der Verhandlung bin ich schweigsam. Aber Rosalba und auch ihr Mann versichern mir, dass es gut läuft, dass es keine Rolle spielt, ob die die Wahrheit sagen. Nein, dass es sogar besser ist, weil vor Gericht nur Beweise zählen.

Ich denke an die Bienen und den Bienenstock zurück, an den Bunker, an das Portal, an die Panzerglaszellen. Ich versuche, mir das Gesicht des Richters ins Gedächtnis zu rufen, aber es gelingt mir nicht. Im Gerichtssaal starre ich immer *die* an. Ich sehe nichts anderes. Ich sehe sie an. Hoffe, dass ihre Anwälte endlich die Wahrheit erzählen.

* * *

In den letzten Monaten habe oft ich meiner Anwältin Mut gemacht, aber jetzt habe ich Angst. Eine irrationale Angst, die Angst des Spielers vor dem sich drehenden Rouletterad, nur dass ich nicht gespielt habe, mich nicht dem Zufall anvertraut, nicht auf eine Nummer gesetzt habe. Ich habe mich meiner Vergangenheit gestellt. Von diesem Prozess hängt alles für mich ab, meine Gegenwart und meine Zukunft.

Ich habe allen erzählt, was die mir angetan haben. Alle werden jetzt wissen, dass ich keine Jungfrau mehr bin. Ich erinnere mich an den Blick von Schwester Mimma und an die Worte dieser Nonne im Heim von Polistena, von der ich nur die Umrisse im Gegenlicht gesehen habe. Welcher Mann wird mich noch lieben können? Keiner. Welche Mutter wird mich noch als Partnerin für ihren Sohn wählen? Keine. Doch ich konnte nicht schweigen.

Mit dreizehn war ich noch zu klein, um mich wehren zu können, sogar um es zu verstehen. Jetzt habe ich keine Entschuldigung mehr. Jetzt möchte ich mein Leben wieder in die eigene Hand nehmen.

Ich habe keine Ahnung, wie mein Leben aussehen wird. So viele Jahre lang habe ich in Atemnot verbracht. Aber ich musste irgendwo anfangen. Und dieser Punkt war das Portal zum Gerichtsgebäude von Palmi.

Ich habe es durchschritten.

Damit ich wieder frei atmen kann, muss der Richter mir glauben.

Das Dorf

»Sie hat uns zugrunde gerichtet. Sie hat uns völlig ruiniert. Sie hat uns unsere Männer weggenommen, und jetzt spielt sie die Heilige. Sie hat uns zugrunde gerichtet. Und jetzt stehen wir ohne unsere Männer da.«

»Und ich ohne Vater.«

»Mir hat sie den Bruder genommen.«

»Erst hat sie sie ruiniert, und jetzt will sie sich auch noch rächen.«

»Es ging uns so gut … und jetzt? Was passiert jetzt mit unserer Familie? Unsere Männer sind im Gefängnis. Wir Frauen sind allein.«

»Ich erwarte ein Kind. Und habe keinen Mann. Meiner ist wegen der im Gefängnis.«

»Schlampe.«

»Verräterin.«

»Spitzel.«

»Sie hat uns zugrunde gerichtet.«

Weihnachten bei den Carabinieri

Im Dorf riecht es nach Weihnachten, das heißt, nach dem Olivenholz, das in den Kaminen brennt. Weihnachten in San Martino, das sind die halbmondförmigen *Petrali*. Weihnachten schmeckt nach getrockneten Feigen, nach Rosinen, nach gehackter Mandarinenschale, nach feingewürfeltem Zitronat und Orangeat und Schokolade.

Petrali sind das für unsere Gegend typische Weihnachtsgebäck. Gefüllte Hörnchen aus Mürbeteig. Die Zutaten sind einfach, was man so im Haus hat, und sie schmecken sehr süß, um den pikanten Geschmack der Festtagsbraten und -soßen abzumildern. Eigentlich werden sie als Halbmonde geformt, aber ich mache auch gern Dreiecke oder Herzen. Dann bedecke ich die Füllung nicht ganz, sondern umrahme sie mit feinen Teigsträngen.

Im vergangenen Jahr habe ich mich zu einer ausgezeichneten Köchin entwickelt.

Der 23. Dezember 2002. Morgen ist Heiligabend. Bei uns zu Hause haben wir nie einen Baum. Dafür ist kein Platz.

Ich habe Petrali gebacken und heute Vormittag meiner *Avvocatessa* welche gebracht. Ich habe die ganze Nacht daran gearbeitet und eine große Dose für die Carabinieri übrig behalten. Ich möchte auch ihnen Gebäck bringen.

– 154 –

So feiere ich Weihnachten. Das Gericht ist wegen der Feiertage geschlossen. Der nächste Verhandlungstag ist erst wieder im Januar. Eine kurze Verschnaufpause. Obwohl Pause nicht Ruhe bedeutet.

Die Drohungen und die merkwürdigen Vorfälle gehen weiter. Im Haus sind wir immer in Alarmbereitschaft.

Die Petrali habe ich für meine *Avvocatessa* und für meine Schutzengel gebacken, nicht für uns. Bei uns zu Hause gibt es schon seit Jahren kein Weihnachten mehr.

»Guten Abend, Maresciallo.« Ich betrete die Kaserne, als wäre ich hier zu Hause, trage ein in farbiges Papier eingepacktes Tablett mit den Keksen in der Hand und grüße laut.

»Ciao, Mariuccia.«

»Cia' Annarella.« – »Da ist ja unser kleines Fräulein.«

Alle begrüßen mich. Die Kaserne der Carabinieri liegt am Ende der Straße, in der ich wohne. Dreihundert Meter entfernt. Nur ein paar Minuten Weg. Ich bin hier zu Hause. Sie nennen mich Anna oder Maria, alle benutzen Kosenamen.

»Ich habe euch Petrali mitgebracht. Frohe Weihnachten.«

Ich stelle das Tablett auf den Schreibtisch des Kommandanten. In der Kaserne von San Martino arbeiten ungefähr ein Dutzend Carabinieri.

»Oh, unsere tüchtige Annarella.« Der Kommandant öffnet das Geschenkpapier und kostet als Erster, und dabei fallen ihm Zuckerkrümel auf die Uniform.

»Ach, Anna, ich muss dich um einen großen Gefallen bitten, du darfst mich auf keinen Fall enttäuschen.«

Ich beobachte, wie der Maresciallo die Kekse isst, und warte auf seine Bitte.

»Im Zimmer des Brigadiere ist ein Karton, und im Flur der Kaserne, ich weiß nicht, ob du ihn beim Hereinkommen gesehen hast, steht ein Tannenbaum. Könntest du uns nicht helfen, den Weihnachtsbaum zu schmücken? Wir haben nicht viel Schmuck, du weißt ja, wie das ist … wir sind hier lauter Männer … da fehlt einfach … eine weibliche Hand.« Der Maresciallo verhaspelt sich, er fängt an zu stottern, dann steckt er sich noch einen Keks in den Mund und führt mich zu der Schachtel mit dem Weihnachtsschmuck.

Mir erscheint es eine ziemlich einfache Aufgabe, einen Weihnachtsbaum zu schmücken, und ich begreife nicht, warum der Maresciallo sich so anstellt.

»Aber sicher, ich mache mich sofort an die Arbeit.«

Ein Carabiniere hilft mir, die Schachtel in den großen Raum zu tragen, und man bringt mir auch einen Tritt, weil ich zu klein bin, um die Spitze des Baumes zu erreichen. Es ist eine schöne Tanne, mit dichten Zweigen, die noch nach Harz duften.

In aller Ruhe suche ich die Kugeln nach Farben aus, das Lametta und die Lichter. Schweigend mache ich mich ans Werk.

Während ich summend vor mich hin arbeite, merke ich, dass ich nicht allein bin. Der Kommandant reicht mir die Kugeln an. Der Brigadiere kümmert sich um die Beleuchtung. Ein anderer Carabiniere dirigiert von hinten die Arbeiten. Sie sind einer nach dem anderen hereingekommen. Die ganze Kaserne ist jetzt um mich herum. Da ist der Brigadiere, der mich Mariuccia nennt, und mir väterlich jeden Tag Kraft gibt und Mut macht. Der Kommandant und wirklich alle Jungs aus der Kaserne von San Martino sind gekommen.

»So, das war's, jetzt sitzt auch der Stern. Fertig.«

Dann stelle ich mich auf die Zehenspitzen und rücke den goldenen Stern auf der Baumspitze zurecht. Ich betrachte mein Werk, während mir der Maresciallo ein rotes Päckchen reicht. Alle Carabinieri stehen um den Baum und mich versammelt.

»Das ist nur eine Kleinigkeit. Von uns allen. Frohe Weihnachten, Anna Maria.«

Ich stehe noch auf dem Tritt und weiß nicht, wo ich hinschauen soll. Auf das Päckchen in den Händen des Maresciallo. Den Baum. Die Lichter. Auf meine Carabinieri. Ich nehme das Päckchen.

»Darf ich es aufmachen?«, frage ich nur.

»Nein, damit musst du schon bis morgen Abend warten«, antwortet der Kommandant. Er hilft mir vom Tritt herunter.

»Sieh mal, wir legen es hier unter den Weihnachtsbaum, und du kommst morgen vorbei, um es zu öffnen. Es ist nur eine Kleinigkeit. Nichts Besonderes.«

»Aber ich habe euch doch gar nichts geschenkt …«, sage ich verlegen.

»Stimmt doch gar nicht. Was ist mit den Petrali?«, antworten alle wie im Chor, und ich bemerke auf einigen Uniformen bunte Zuckerkügelchen.

Mein Geschenk öffne ich am Abend des 24. Dezembers. Ein rosafarbener, unglaublich weicher Schal.

Die Carabinieri sind oft unbeholfen und ein bisschen förmlich; trotzdem erlebe ich mit sechzehn Jahren in dieser Kaserne mein erstes richtiges Weihnachtsfest, nach so vielen, ich weiß gar nicht wie vielen, die einfach übergangen wurden. Sie schenken mir das Weihnachtsfest. Wir schmücken gemeinsam den Baum und teilen uns die Petrali.

Jemand schaltet das Radio ein, dort singen sie von Schnee, Glocken und vom Jesuskind.

Ist das der Zauber von Weihnachten?

Ja, genau das.

Es ist schon dunkel. Ich bin auf dem Heimweg. Es sind nur ein paar Hundert Meter. Und heute Abend habe ich keine Angst, hier entlangzulaufen.

Die Luft ist kalt, und der Himmel wird von dem dichten Rauch verdunkelt, der aus den Schornsteinen aufsteigt. Ich mag Geschenke. Und ich mag es, verwöhnt zu werden. So wie man ein kleines Kind knuddelt und verhätschelt. Obwohl ich schon sechzehn Jahre alt bin.

»Morgen ist Weihnachten«, sag ich mir laut und vergrabe mein Gesicht in dem rosa Schal.

Das Dorf

Verschlafen und still hat Anna Maria wie jeden Morgen früh den Bahnhof erreicht. Es ist 7.20 Uhr. Sie wartet auf den Zug nach Taurianova, wo sie in einer Rosticceria Arbeit gefunden hat.

Es ist früh. Sie ist müde. Aber sie sieht sich wie immer aufmerksam um. Passt auf sich auf.

Und so sieht sie durch die Glastür Domenico Cucinottas Wagen kommen.

Sie steht auf. Im Wartesaal ist noch niemand außer ihr.

Wo kann sie hin?

Das Urteil

*I*ch atme. Hole Luft. Atme. Ich fülle meine Lungen mit Luft und weine. Ich berühre meine Wangen. Da sind Tränen. Endlich.

Das Urteil des für die Vorverhandlung zuständigen Richters am Gericht von Palmi ist eingetroffen. Es ist der 22. Mai 2003.

Das Gericht verurteilt Domenico Cucinotta, Michele Iannello, Domenico Iannello und Domenico Cutrupi zu einer Freiheitsstrafe von vier Jahren, Serafino Trinci zu einer Freiheitsstrafe von zwei Jahren und zehn Monaten sowie Vincenzo La Torre zu einem Jahr und acht Monaten.

Ich atme weiter, und zwei Jahre später legt das Berufungsgericht Reggio Calabria das Urteil 147 vor. Am 26. April 2005. Das Urteil in erster Instanz wird in der zweiten bestätigt. Ein Doppelsieg. Auf der ganzen Linie.

Ich atme immer noch. Und mein Atem wird immer tiefer.

Folgendes sagen die Richter der zweiten Instanz:

»... diesem Gericht wurde ein in jeder Beziehung abscheulicher Fall vorgelegt, der sich in einem kleinen Dorf im Hinterland der Provinz abgespielt hat. Gemäß der durch die erste Instanz bestätigten Anklage hat eine Gruppe von jungen Männern (bestehend aus den Brüdern Iannello, aus Cutrupi und Cucinotta) über einen langen Zeitraum ein knapp dreizehnjähriges Mädchen jeder denkbaren Art von sexueller Gewalt und Missbrauch ausgesetzt. Einige von ihnen gingen dabei sogar skrupellos so weit, das Mädchen an Freunde zu verleihen, wie beispielsweise den heutigen Berufsführer La Torre, dem Domenico Iannello ›einen Gefallen schuldete‹ (womit sie gleichzeitig deutlich erkennen lassen, dass sie ihr Opfer nur als Gegenstand betrachteten, über den sie nach Belieben verfügen konnten), oder auch jemanden wie Trinci zum Mitglied der ›privilegierten‹ Gruppe zu machen, weil dieser als Eigentümer eines ansprechenden Hauses auf dem Land einen bequemen Ort für die Treffen und den sexuellen Missbrauch zur Verfügung stellen konnte.«

Ja, das ist meine Vergangenheit. Durch die Worte des Richters scheint sie gleich realer zu werden. Und seine Worte lassen auch meine Gegenwart realer und schrecklicher erscheinen.

»Zunächst ist da ein knapp sechzehnjähriges Mädchen, das einen düsteren und schrecklichen Fall ans Licht bringt, von dem es behauptet, er würde sich schon seit Jahren hinziehen und es unabhängig vom Ausgang des Verfahrens in der allgemeinen Meinung seines kleinen Dorfes im Hinterland der Provinz Reggio Calabria als ›leicht zu haben‹ abstempeln.

Da ist ein Mädchen – über dessen Leid und Verzweiflung die Ermittlungsbeamten beim Darlegen der Tatbestände berichtet haben –, das absolut eigenständig und unabhängig und, wie gerichtlich festgestellt wurde, ganz ohne das Wissen seiner Eltern handelt.

Da ist ein Mädchen, das nicht nach Aufmerksamkeit sucht

und trotz seiner Angst vor den Konsequenzen (was in seinen wiederholten, naiven Bitten zum Ausdruck kommt, die Carabinieri sollten angeben, sie hätten die Ermittlungen auf eigene Faust oder als Folge anonymer Anzeigen aufgenommen und nicht aufgrund seiner eigenen Anzeige) angibt, vom Mut der Verzweiflung getrieben worden zu sein, da es nicht mehr ertrage, ›mit ihnen mitgehen zu müssen und all die Sauereien zu machen, die sie von mir verlangen‹, und weil es Angst davor habe, in einem schwachen Moment den Forderungen dieser ›Rotte‹ nachzugeben, auch seine kleinere Schwester mitzubringen, und so auch ihr Leben zu einer endlosen Reihe von Vergewaltigungen, sexuellen Übergriffen, Quälereien und Demütigungen zu machen, die es bislang erlebt hat und unter denen es immer noch leidet. Sicher könnte man trotz allem, was bislang dargelegt wurde, davon ausgehen, man habe einen psychisch so verwirrten Menschen vor sich, dass er wirklichkeitsfremd und mit einer perversen Vorstellungskraft abartige Träume für die Realität hielt, was zu einer verdrehten Wirklichkeitswahrnehmung führte, die keine Rücksicht auf nichts und niemanden nahm, nicht einmal auf sich selbst.

Doch keiner der so zahlreichen von der Verteidigung angeführten Zeugen hat jemals, nicht einmal indirekt, psychische Veränderungen von derartigen Ausmaßen angeführt, die, sollten sie tatsächlich bestehen, in einem so kleinen dörflichen Umfeld auf keinen Fall unbemerkt bleiben könnten.

Und da Untersuchungen zur Feststellung ihres geistigen Zustands wie auch gynäkologische Untersuchungen notwendig, ja unumgänglich waren, hat sich die junge Anna Maria Scarfò, nachdem sie einmal die Entscheidung getroffen hatte, ihr eigenes tragisches Schicksal an die Öffentlichkeit zu tragen, nicht nur der Verleumdung und sozialen Ächtung ausgesetzt, sondern musste sich notwendigerweise auch den Behörden stellen und sich neben wiederholten Befragungen und Ortsbegehungen auch intimen und heiklen amtsärztlichen Untersuchungen durch völlig Fremde unterziehen.«

Er hat mir geglaubt. Der Richter hat mir geglaubt. Ich lese das Urteil weiter:

»Unter Einbeziehung der vorausgegangenen Betrachtungen kann man an dieser Stelle anfügen, dass dieses sechzehnjährige Mädchen, das zweifelsfrei bei voller geistiger Gesundheit und zweifelsfrei entjungfert ist, nicht etwa Unbekannten ungenau beschriebene und unaussprechliche Taten zugeschrieben hat, sondern bei der Schilderung dramatischer Ereignisse die Handelnden mit Vor- und Nachnamen benannt und mit äußerster Genauigkeit ihre Gewohnheiten, Besuche, ihre beruflichen Aktivitäten, familiären Beziehungen, die ihnen zur Verfügung stehenden Fahrzeuge sowie die Orte beschrieben hat, an denen sie ihren Vergnügungen nachgingen, und sogar von einem Großteil die Handynummer nennen konnte. Ferner hat sie das Verhalten der Täter nicht als undifferenziertes Ganzes geschildert, sondern in Bezug auf ihre Handlungen genaue Unterscheidungen getroffen, obwohl diese durchweg brutal und verletzend waren. Sie hat beispielsweise zwischen Domenico Cutrupi, der ständig brutal und aggressiv war, und Michele Iannello differenziert, der manchmal freundlicher war, obgleich auch er streng darauf bedacht war, seine perversen Lüste vollständig zu befriedigen.«

Er hat alles gehört. Sie haben alles gehört, was ich gesagt habe.

»Nach Ansicht des Gerichts ist das Verhältnis psychischer Abhängigkeit sowohl als Erklärung für die Tatsache zu sehen, dass das Opfer eine unmittelbare Anzeige unterlassen hat, als auch für seinen Entschluss, eine derartige Angelegenheit, mit der es nicht angemessen umgehen konnte, für sich zu behalten, sowie für das Ausbleiben einer Reaktion auf die wiederholten sexuellen Forderungen und die Zahl der Demütigungen.

Daher ist der Aussage von Anna Maria Scarfò über diese Jahre der Angst und des Martyriums nach Ansicht des Gerichts ein Höchstmaß an Glaubwürdigkeit beizumessen.«

Ist es nicht wunderbar, zu atmen?

Im Winter 2007, genauer gesagt am 6. Dezember, kommt das Urteil der letzten Instanz vom Kassationshof. Es wurde in allem bestätigt. Mit einundzwanzig Jahren bin ich zum ersten Mal wirklich im Besitz meiner Wahrheit.

Ich habe das Portal des Gerichts von Palmi durchschritten.

Jetzt verlasse ich es wieder in die andere Richtung. Rein gewaschen. *Die* werden dafür bezahlen. Im Gefängnis. Und ihre Familien haben jetzt keine Ausreden mehr.

Ich fühle weder Stolz noch Freude. Ich fühle mich einfach nur frei. Zum ersten Mal stark. Sie haben mich angehört und mir geglaubt. Hätte ich mir das doch schon früher vorstellen können.

Das Dorf

Der Wagen hält genau vor dem Haupteingang des Bahnhofs.

Anna Maria versucht, schneller als Domenico zu sein, und geht zum Ausgang. Sie möchte jeden Kontakt mit Cucinotta vermeiden. Sie möchte ihn nicht sehen. Sie will ihm nicht in die Augen sehen. Nicht in sein Gesicht sehen.

Aber Cucinotta hat sie ebenfalls bemerkt. Er verlässt den Wagen und kommt auf sie zu. Und er ist schneller als Anna.

Er sagt nichts. Wortlos versperrt er ihr den Weg.

Anna weiß nicht, wohin sie sich wenden soll.

Die zweite Anzeige

Am 7. Oktober stehe ich wieder vor dem Gericht von Palmi. Warum? Dieses Mal will nicht ich das Geschehen schildern, sondern ich möchte lieber die Worte des Staatsanwalts zitieren, mit denen er meinen Fall vorgetragen hat. Inzwischen bin ich so vertraut mit der Gerichtssprache. Dies ist ein neuer Teil meines Lebens. Ich lese keine Bücher, bei mir zu Hause gibt es so etwas nicht. Auch keine Zeitungen. Aber seit sechs Jahren lese ich Gutachten, Unterlagen, Berufungen. Ich lese sie langsam, wäge jedes einzelne Wort ab. Es gefällt mir, das Ganze zu begreifen.

Außerdem ist es schwierig, das eigene Leben auf die Reihe zu bekommen, die Erinnerungen, Gefühle, Tatsachen. Ich erzähle sie, aber die Erinnerungen verwischen und überlagern sich. Wenn ich dagegen die Worte lese, die die Richter verwendet haben, wirkt alles so klar und eindeutig:

»Im Sommer 2001 wurde Anna Maria Scarfò, als sie vor einer Bar in San Martino vorbeikam, von Maurizio Hanaman gerufen, der zusammen mit Antonio Cianci auf einer Stufe saß. Hanaman sagte ihr, sie würden sie in fünf Minuten an der Schule von San Martino abholen. Scarfò sagte, dass sie nicht zu diesem Treffen kommen wolle, aber Hanaman drohte ihr, er würde sie verprügeln, falls sie nicht käme. Das Mädchen gab nach und ging zu ihrer ehemaligen Schule. Die beiden holten sie in Ciancis Wagen von dort ab, sagten ihr, sie solle sich auf der Rückbank hinlegen, und brachten sie zu Hanamans Wohnung in San Martino. Dann führte Hanaman sie in ein Zimmer. Während Cianci draußen wartete, entkleidete er sich, packte sie an den Armen und stieß sie aufs Bett. Das Mädchen wehrte sich, aber Hanaman ohrfeigte sie und sagte zu ihr, wenn sie nicht nachgäbe, wüsste sie ja schon, was ihr zustoßen würde. Sie hatten Geschlechtsverkehr. Dann ging er aus dem Zimmer, und Cianci kam herein. Dieser war bereits nackt, packte die weinende Scarfò an den Haaren und stieß sie mit dem Kopf gegen die Wand. Das Mädchen sagte, es hielte das nicht mehr aus und würde mit jemandem reden, aber Cianci meinte, sie könne das nicht tun, weil die Männer sie jetzt in der Hand hätten und sie außerdem gar nicht dazu käme, weil man sie vorher umbringen würde. Cianci hatte ebenfalls Verkehr mit ihr. Dann brachten die beiden Männer sie im Auto zurück. Ehe sich Hanaman verabschiedete, sagte er, sie solle aufpassen, was sie täte, und kein Wort sagen.«

Ich habe sie am 12. April 2003 angezeigt. Genau ein Jahr nach der ersten Anzeige. Ich habe also sechs weitere Männer angezeigt: Antonio Cutrupi, zweiundzwanzig (Vetter von Domenico Cutrupi), Maurizio Hanaman, fünfundzwanzig, Giuseppe Chirico, dreißig, Fabio Piccolo, einundzwanzig, (Vetter der Brüder Iannello), Antonio Cianci, dreiundzwanzig, Vincenzo Minniti, einundzwanzig.

Warum diese zweite Anzeige? Warum habe ich nicht alles gleich auf einmal erzählt? Das ist eine berechtigte Frage.

Ich antworte darauf, wie ich es zuerst den Carabinieri, dann dem Staatsanwalt und schließlich vor Gericht geschildert habe:

»Ich habe mich erst am 12. April 2003 entschlossen, weitere Personen anzuzeigen, die mich missbraucht haben, weil ich zu viel Angst vor möglichen Racheakten hatte und immer noch habe. Ich habe vor allem Angst vor Maurizio Hanaman, der der Sohn von Domenico ist, besser bekannt als ›Mincuzzo‹, und Bruder eines flüchtigen Verbrechers, der sich, soweit ich weiß, jetzt in Deutschland aufhält. Hanaman hat mich einmal angehalten und von mir verlangt, dass ich ihm meine ältere Cousine vorstelle. Bei anderen Gelegenheiten habe ich ihn mit Antonino Cianci gesehen, dem Sohn des vor einigen Jahren ermordeten Gaetano, mit den Brüdern Iannello, manchmal auch mit Domenico Cutrupi. Das erste Mal hatte ich mit ihm Geschlechtsverkehr an einem eher milden Sonntag, denn ich erinnere mich daran, dass ich keinen Mantel trug. Ich trug Hosen und war auf dem Weg von unserer Wohnung zu der einer meiner Freundinnen; als ich an der *Bar Marzico* vorbeikam, saßen dort Hanaman und Antonio Cianci auf einer Stufe.«

Das Dorf

Anna senkt den Kopf und schubst ihn weg. Sie möchte hinaus. Sie will ihn nicht ansehen.

Der Bahnhof ist menschenleer.

Domenico Cucinotta packt sie am Handgelenk und zieht

sie brutal an sich heran. Fast hebt er sie dabei vom Boden hoch.

Anna windet sich und befreit sich. Zur Tür kann sie nicht hinaus. Sie läuft zu den Gleisen und entkommt durch einen Nebenausgang. Cucinotta steigt in seinen Wagen und verfolgt sie. Anna rennt. Sie hört den Motor des Alfa 147 hinter sich. Immer näher. Sie läuft und schlüpft in eine Seitenstraße. Biegt um die Ecke. Rennt. Läuft zurück. Biegt wieder um die Ecke. Rennt. Versteckt sich in einem Hauseingang. Der Alfa 147 ist nicht mehr zu sehen. Cucinotta ist verschwunden.

Er trug eine dunkle Brille, einen schwarz-weiß gestreiften Schal, einen weißen Pullover. Zuletzt hatte sie ihn im Gerichtssaal gesehen.

Wieder im Gericht

Dieses Mal haben die Angeklagten kein verkürztes Verfahren beantragt. Ich bin wieder im Gerichtssaal. Und *die* ebenfalls.

Ich muss alles noch einmal durchleben.

Ich: Als ich damit angefangen habe, mit ihnen Geschlechtsverkehr zu haben, wurde das im Dorf bekannt, und ich habe alles verloren: Ich hatte keine Freunde mehr, ich blieb isoliert. Manchmal behandelten sie mich schlecht, andere Male sagten sie zu mir: »Nur keine Sorge, du hast ja uns.« Mit dreizehn habe ich das nicht wirklich verstanden. Sie sagten: »Vertrau uns, sei ganz ruhig.« Sie schotteten mich von allen anderen ab, weil sie Angst hatten, ich würde etwas erzählen ... ich lebte ständig mit dem ... wie kann ich das sagen ... ich litt.«

Vorsitzender: Können Sie jetzt wieder ein normales Leben führen?

Ich: Nein. Ich hatte danach nie mehr einen Freund, ich hatte keine Gelegenheit, mich zu verloben.

Vorsitzender: Wie alt sind Sie jetzt?

Ich: Dreiundzwanzig.

Vorsitzender: Also haben Sie außer dieser Sache nie eine Liebesbeziehung gehabt?

Ich: Nein.

Vorsitzender: Niemals? Haben Sie sich niemals einem Mann hingegeben mit all der Lust, mit der man sich hingeben kann?

Ich: Nein. Ich muss mir Zeit lassen. In San Martino kann ich kein normales Leben führen, wenn sie immer um mich ... Tatsächlich habe ich große Angst davor, Herr Richter, wenn ich diesen Saal verlassen werde, weil ich schon die Blicke von denen da draußen gesehen habe und weil man mich vor dem Reinkommen so verhöhnt hat.

Vorsitzender: Sie haben uns erzählt, dass Sie in verschiedene Wagen eingestiegen sind. Können Sie uns sagen, ob Sie jemand dabei beobachtet hat, dass Sie geschrien haben?

Ich: Wenn die von mir ein Treffen verlangt haben, waren sie nicht so dumm, mich mitten im Dorf einsteigen zu lassen, wo viele Leute waren. Wir sind immer an abgeschiedene Orte gegangen, wo uns keiner sehen konnte. Allerdings glaube ich, dass man in San Martino trotzdem Bescheid wusste, aber keiner hat geredet, weil man weiß, wer die sind.

Vorsitzender: Hatten Sie zu dieser Zeit Freundinnen?

Ich: Die haben mich alle fallen lassen. In San Martino bin ich ... bin ich die Dorfhure.

Es ist der 1. Juli 2009 und sehr heiß. Ich erinnere mich nicht einmal mehr, der wievielte Verhandlungstag es ist. Heute reden die Angeklagten. Ich sitze im Gerichtssaal neben meiner Anwältin. Wie immer. Wir haben oft gezweifelt, sind so oft mutlos gewesen, aber wir haben immer weitergemacht, sie mit mir, ich war nicht mehr allein. Und heute sitzen wir hier, nach sieben Jahren des Kampfes. Und wir sind nicht müde.

Als Erster spricht Maurizio Hanaman. Er leugnet, dass er jemals Geschlechtsverkehr mit mir hatte oder überhaupt je mit mir gesprochen hat. Er sitzt auf dem Stuhl neben dem Vorsitzenden des Gerichts, versucht den Richter davon zu überzeugen, dass ich mir alles ausgedacht habe. Und er erklärt, dass er mich niemals zu sich nach Hause hätte mitnehmen können, weil er mit seiner Frau zusammenlebt, die uns ja dann gesehen hätte.

Es wiederholt sich die wohlbekannte Farce. Ich rühre mich nicht. Ich rege mich nicht auf. Ich warte ab.

Nach Hanaman ist Fabio Piccolo an der Reihe. Im Gegensatz zu jenem gibt er zu, mich zu kennen und mir oft begegnet zu sein. Aber er streitet ebenfalls den Geschlechtsverkehr ab. Er erzählt auch, dass er mich einmal im Auto zu Domenico Iannello an einen Platz außerhalb des Dorfes mitgenommen habe, dass er aber weder etwas gesehen noch etwas getan habe. Er habe zwar etwas geahnt, das Ganze aber als »eine Angelegenheit, die ihn nicht betraf« beurteilt.

Dieses Mal wundert mich seine Lüge nicht, und sie macht mir keine Angst.

Piccolo beharrt: »Ich habe sie niemals angefasst. Wir haben sie nicht so ernst genommen, weil sie ein ziemlich frühreifes Mädchen war. Sie war immer unter Leuten. Sie lachte mit allen.«

Der Vorsitzende des Gerichts übernimmt nun das Wort und verliest meine Anzeige, die eine vollkommen andere Wahrheit schildert.

Wieder bin ich außerhalb des Dorfes ... meine Vergangenheit:

Domenico Iannello sagt: »Du musst froh sein, dass ich dir neue Leute gebracht habe.«

Anna: »Das interessiert mich nicht, ich will gehen.«

Iannello: »Du bist eine Hure. Und eine Nutte hat zu bleiben.«

Er stellt sie auf zwei Steine, drückt sie mit den Händen gegen eine Wand, zieht ihr die Hosen herunter und missbraucht sie. Nach wenigen Minuten hört er auf. Er rechtfertigt sich, dass er an diesem Abend nicht bereit sei, dass er all seine Energie am Morgen verbraucht habe. Im Weggehen sagt er zu den anderen: »Diese Riesenschlampe hat es nicht geschafft, dass ich komme. Mal sehen, ob ich mir einen runterholen kann. Na ja …«

Dann fragt Domenico, wer ihn jetzt reinstecken wolle, und Domencio Cutrupi sagt, er möchte als Nächster zu ihr, weil er einen Steifen hat.

Cutrupi verlässt die Hütte, kommt dann mit einer Wasserflasche zurück und wäscht sich. Dann sagt er: »Der Nächste.« Anna rennt weg, aber Domenico Iannello holt sie ein. Er packt sie am T-Shirt und bringt sie in die Hütte, wo sie auf Michele Iannello trifft. Er lässt sie los, und Michele meint: »Wenn man Liebe macht, dann muss Leidenschaft dabei sein. Du darfst nicht weinen, das ist doch schön.«

Anna schreit. Er zerrt sie hinaus, stößt sie auf die Motorhaube des Panda und missbraucht sie. Fabio Piccolo kommt dazu, packt sie bei den Haaren, schleudert sie gegen die Motorhaube des Panda und beginnt …

Danach kommt keiner mehr. Sie lassen Anna Maria an der Stelle aus dem Wagen, wo sie sich mit ihr verabredet hatten. Allein und zu Fuß überquert Anna die Gleise und geht ins

Dorf zurück. Zu Hause regt sich ihre Mutter auf, weil sie zu spät ist, aber sie behauptet, ihr Fahrrad sei kaputt gegangen und ein Junge habe es ihr gerichtet.

Der Vorsitzende hört auf zu lesen. Ich habe ihm nicht zugehört. Dieses Mal nicht. Nicht noch einmal. Ich habe die ganze Zeit Fabio Piccolo angestarrt, der in der Mitte des Gerichtssaals sitzt.

Ich habe mich auf die Tätowierungen konzentriert, die auf seinem Arm und in seinem Gesicht: Ich habe nur ihn angesehen, wie er während der ganzen Zeit, in der der Vorsitzende des Gerichts vorgelesen hat, was er mit mir gemacht hat, nur gegrinst hat. Unverschämt. Frech. Uninteressiert. Sich keiner Schuld bewusst. Er hat gelacht, also ob das, was geschehen ist, völlig normal und auch noch lustig wäre.

Vincenzo Minniti verfolgt eine ähnliche Strategie. Er sagt, dass er mich kennt, auch weil wir Nachbarn sind, und dass er mich im Auto mitgenommen hat. Und er gibt auch zu, dass er mich zu seinem Haus auf dem Land gebracht hat, aber nur, weil ich die Tochter von Freunden der Familie bin.

Und er sagt: »Und ich hatte niemals Sex mit ihr, das wäre doch völlig absurd. Das wäre doch so, als würde ich mit meiner Schwester ins Bett gehen. Sie ist im gleichen Haus aufgewachsen.« Er hat seinen Satz noch nicht zu Ende gebracht, da lacht auch er los: »Vielleicht habe ich ihr gefallen, und dabei war ich doch vergeben, ich weiß es nicht.«

Ich lege eine Hand auf die Bank vor mir. Das darf er nicht sagen.

Der Vorsitzende greift ein: »Keiner von Ihnen hat jemals

– 173 –

die Scarfò wegen Verleumdung angezeigt.« Und meint ab-
schließend: »Bitte nehmen Sie zu Protokoll, dass der Angeklagte lacht.«

Das Gelächter hört auf. Im Gerichtssaal kehrt wieder Stille
ein.

Das Dorf

»Jetzt muss Schluss sein mit dem Gerede über diese Sache.«

»Wir sind es leid. Lasst uns in Frieden. Klagt doch nicht
uns an. Nennt uns nicht Vergewaltiger. Es gibt so viele anständige Leute in San Martino.«

»Das hier ist ein ruhiges Dorf. Es gibt Mädchen in Anna
Marias Alter, die ein Anrecht darauf haben, ohne solches Gerede groß zu werden. Ehrbare Familienväter. Mütter, die unter tausend Opfern anständige Familien durchbringen. Verurteilt nicht ganz San Martino.«

»Wer einen Fehler gemacht hat, bezahlt bereits dafür. Man
hat ihre Familien ruiniert. Sie waren ganz oben, jetzt sind sie
ganz unten. Aber damit hat das Dorf nichts zu tun.«

»Das Dorf wusste nichts davon, und es ist nicht fair, dass
wir dafür bezahlen sollen. Stempelt uns nicht ab. Lasst uns in
Frieden. Wir verlangen, dass das Gerede aufhört.«

Die Stimmen finden keine Ruhe.

Ein weiterer Schuldspruch

Am 25. November 2009 ergeht das Urteil im zweiten Prozess. Ein weiterer Schuldspruch.

»Der Oberste Gerichtshof hat hinsichtlich der Nötigung zu geschlechtlichen Handlungen festgelegt, dass der objektive Tatbestand sowohl in körperlicher Gewalt im engeren Sinne als auch in psychischer Einschüchterung besteht, die dazu geeignet ist, das Opfer zur Vornahme oder Duldung geschlechtlicher Handlungen zu zwingen. Was den subjektiven Tatbestand der Nötigung zu geschlechtlichen Handlungen betrifft, so besteht dieser im Wissen und Wollen der Begehung einer in die sexuelle Freiheit einer nicht einwilligenden Person eingreifenden und diese Freiheit verletzenden Handlung. Es ist außerdem zu beachten, dass bei gemeinschaftlich begangener Nötigung zu geschlechtlichen Handlungen, sobald die geschlechtlichen Handlungen nicht in einem einzigen zeitlichen Zusammenhang verwirklicht werden, sondern ein erheblicher Zeitraum zwischen den einzelnen Ereignissen liegt, von denen jedes durch eine erneute Aufnahme der Gewalt gegen das Opfer gekennzeichnet ist, auf diese Weise eine Zäsur zwischen den einzelnen Handlungen besteht, von denen jede eine Straftat darstellt, sodass ein Fortsetzungszusammenhang vorliegt.

Mithin ist die strafrechtliche Verantwortlichkeit sämtlicher Angeklagter, mit Ausnahme von Vincenzo Minniti, für eine Straftat nach Artikel 609 des Strafgesetzbuchs, dessen Tatbestandsmerkmale vollständig vorliegen, zu bejahen. Insbesondere sind sämtliche von der geschädigten Person erzählten Begebenheiten durch Merkmale von Gewalt, zu der sowohl seelischer Zwang aufgrund der fehlenden Zustimmung zur Vornahme geschlechtlicher Handlungen als auch körperlicher Zwang gehört, sowie durch Merkmale von Bedrohung als Inaussichtstellen eines künftigen und rechtswidrigen Übels gekennzeichnet.

Was Minniti betrifft, so ist dieser für eine einzige allein begangene Nötigung zu geschlechtlichen Handlungen verantwortlich, die daher im vorliegenden Fall unter Artikel 609 des Strafgesetzbuchs fällt und auf Strafantrag der Geschädigten einzeln verfolgbar ist.

Dabei ist jedoch anzumerken, dass im Fall von Piccolo, dem Täter bei der anderen allein begangenen Gewalttat, die Schlussfolgerung eine vollkommen gegenteilige ist, da Piccolo für zwei weitere Fälle gemeinschaftlich begangener Nötigung zu geschlechtlichen Handlungen verantwortlich ist, die von Amts wegen zu verfolgen sind.

Als Strafmaß wird unter Beachtung von Artikel 27 der Verfassung (Der Angeklagte ist bis zur endgültigen Verurteilung als nicht schuldig zu betrachten) und Artikel 133 des Strafgesetzbuches für die Angeklagten Hanaman, Cianci, Cutrupi und Chirico eine Freiheitsstrafe von jeweils acht Jahren als angemessen erachtet, während für den Angeklagten Piccolo neben der Grundstrafe von acht Jahren auf eine zusätzliche Freiheitsstrafe von einem Jahr wegen der beiden im Fortsetzungszusammenhang begangenen Taten (acht beziehungsweise vier Monate für die weitere gemeinschaftlich begangene Straftat und die allein begangene) zu erkennen ist.

Schließlich erklärt das Gericht, dass gegen Vincenzo Minniti keine gerichtlichen Schritte einzuleiten sind, da das Strafverfahren wegen fehlenden Strafantrags nicht eröffnet werden konnte.

Der urteilsverfassende Richter Luca Colitta
Der Vorsitzende Fulvio Accurso

Schwierige Worte. Gesetze. Vielleicht lebensferne Sätze. Aber ich weiß: Das ist ein weiterer Schuldspruch. Das Gericht glaubt mir erneut. Ich wusste es eigentlich, aber ich habe trotzdem nicht darauf gehofft.

Alle werden ins Gefängnis kommen. Die Anwältin lächelt, wie nur sie es vermag, am Ende eines Prozesses: mit den Augen und mit ihrer Hand, mit der sie meine fest umschließt.

Als wir das Gericht verlassen, zündet sie sich eine Zigarette an, und wir stehen eine Weile nebeneinander auf der Treppe und schauen in den Tag hinaus.

Ach, das habe ich ganz vergessen: Das Gericht klagt Don Antonio und Schwester Mimma wegen Falschaussage an.

»Jetzt legen sie wahrscheinlich Berufung ein«, sagt Rosalba zu mir.

»Ich weiß.«

»Sie sind unschuldig bis zur dritten Instanz.«

»Ich weiß.«

»Wir müssen noch ein bisschen weiterkämpfen.«

Rosalbas Geländewagen gleitet die Straße entlang.

»Das Gericht hat uns einmal Recht gegeben, *Avvocatessa*, ich bin nicht müde. Als die mich draußen aufs Land gebracht haben, als ich immer ja gesagt habe, als ich nicht die Kraft hatte, mich zu wehren, und geglaubt habe, das sei mein Schicksal, da habe ich nicht reagiert, aber irgendwann war ich das leid. Doch man wird niemals leid, ›Nein‹ zu sagen. Man wird niemals leid, sich frei zu fühlen.«

Das Dorf

»Sie zieht das ganze Dorf in den Schmutz. Sie hat ja unsere ganze Solidarität, aber wir sind doch jetzt diejenigen, die dafür bezahlen müssen.«

»Hier wohnen anständige Leute, wir sind nicht alle Vergewaltiger.«

»Jetzt sagt man, das ist passiert, weil wir hier in Kalabrien sind; wir sollten unser Kalabrien lieber verteidigen, als es so in den Schmutz zu ziehen.«

»Jeder muss sich um seine eigenen Angelegenheiten kümmern. Das ist besser so, denn sonst geschehen solche Dinge.«

Das Schutzprogramm

Wir sind alle in der Küche. Mein Vater, meine Mutter, meine Schwester und die *Avvocatessa*. Ich. Wir sitzen um den Tisch herum. Keiner sagt ein Wort.

»*Avvocatessa*, möchten Sie einen Kaffee, ein Glas Wasser, irgendetwas?«, versucht es meine Mutter.

»Nein … danke.« Rosalba antwortet knapp und winkt ab. Wieder macht sich Schweigen breit.

Nach der Anzeige, dem Prozess und drei Urteilssprüchen bin ich immer noch nicht frei. Für mich hat kein neues Leben begonnen.

Nein.

Die Urteile gelten nur vor Gericht. Im Dorf herrscht ein anderes Gesetz.

In unserer Gegend herrscht das Gesetz des Schweigens. Und daran habe ich mich nicht gehalten.

Die Familien all derer, die ich ins Gefängnis geschickt habe, leben in meiner Straße. Via Garibaldi. Die anderen wohnen dreißig, fünfzig, hundert Meter entfernt.

Die Drohungen sind immer hartnäckiger geworden. Wir verlassen das Haus nicht mehr. Wir zeigen alles bei den Carabinieri an. Todesdrohungen. Beleidigungen. Der totgeschlagene Hund. Das Blut auf der aufgehängten Wäsche. Die Telefonanrufe.

Sie verfolgen uns. Das ist ihr Urteil. Das ist ihre Gerechtigkeit. Sie wollen uns aus dem Dorf vertreiben. Das sagen sie aber nicht mit Worten. Die Einwohner Kalabriens reden wenig, nein, sie reden gar nicht.

»Rosalba, will man uns von hier fortschicken?«, schreie ich.

Alle drehen sich zu mir um.

»Anna Maria, die Lage ist sehr ernst. Der Staat bietet dir die Teilnahme an seinem Schutzprogramm an. Ich habe dir bereits erklärt, was das bedeutet. Ein neuer Wohnort, eine neue Identität, für die Anfangszeit finanzielle Unterstützung. Du gehst allein. Oder ihr geht alle gemeinsam. Der Polizeipräsident von Reggio hat auf Grundlage des neuen Stalking-Gesetzes sechs Verwarnungen ausgesprochen. Sie riskieren große Schwierigkeiten, wenn sie nur in deine Nähe kommen. Eure Anzeigen liegen dem Friedensrichter vor. Wir haben alles getan, was möglich war, aber es ist schon eine ernst zu nehmende Angelegenheit, wenn der Staat anbietet, euch alle weit weg von hier zu beschützen. Aber …«

»Aber …«, schaltet sich jetzt mein Vater ein. Wir schauen alle zu ihm hinüber. »Aber *Avvocatessa*, wir gehen nicht von hier fort. Weil wir nicht wie *pentiti*, wie reumütige ehemalige Mafiosi dastehen wollen. Die *pentiti* laufen davon. Warum sollten wir davonlaufen? Meine Tochter hat angezeigt, was sie anzuzeigen hatte. Wir haben beschlossen, sie dabei zu unterstützen, und jetzt laufen wir davon? *Nu mafiusu sugnu*, bin ich denn ein Mafioso?«, sagt mein Vater ganz leise.

Sobald er schweigt, ergreift meine Mutter das Wort.

»Und dann könnten wir nie wieder hierher zurückkehren, wenn zum Beispiel einer unserer Verwandten stirbt, oder für eine Hochzeit, wir könnten nie wieder mit der Familie Kontakt haben«, seufzt meine Mutter, die elf Schwestern und über zwanzig Nichten und Neffen hat.

»Ich möchte auch nicht woanders wohnen. Was sollen wir dort? Es sieht so aus, als würden wir davonlaufen, und dann würden wir denen den Sieg überlassen, nach allem, was sie Anna angetan haben. *Die* müssten eigentlich davonlaufen, nicht wir.« Sogar meine Schwester protestiert. Die Familie hat gesprochen. Sie steht zusammen.

Die *Avvocatessa* widerspricht uns zwar nicht, aber sie schaut sehr ernst. Ich sage nichts.

Alle warten nun darauf, was ich davon halte.

Ich? Was will ich denn? Ich würde sofort von hier weggehen, ganz egal wohin. Ich würde fortgehen. Aber nur mit meiner Familie, nicht allein. Und wenn sie bleiben wollen, dann werde auch ich bleiben …

»Hier haben wir unsere Arbeit, unsere Familie, unsere Wohnung, die Traditionen …«, beharrt mein Vater.

»Wir sind einfache Leute, was wird wohl in einer großen Stadt aus uns werden?«, beklagt sich meine Mutter.

Ich ergreife das Wort. »*Avvocatessa*, natürlich gibt es diese Anrufe, die Drohungen, den getöteten Hund und das Schweineblut auf der Wäsche. Aber selbst wenn wir uns immer zu Hause einschließen müssten, selbst wenn etwas … Schreckliches passieren sollte, wir lehnen das Schutzprogramm ab. Wir gehen von hier nicht fort.«

Das Dorf

Jetzt schweigen die Stimmen. Es gibt nur noch Blicke.

Anna Maria steht unter Begleitschutz. Ein Wagen der Carabinieri mit zwei Mann Besatzung bleibt bis 20 Uhr vor dem Haus der Familie Scarfò. In der Nacht fährt jede Stunde ein Streifenwagen vor und hält für zehn Minuten. Anna, ihre Schwester, ihre Eltern, sie alle sind nicht mehr allein, wenn sie das Haus verlassen.

Sie gehen nirgendwohin mehr zu Fuß. Sie gehen nicht mehr an belebte Orte.

Die kleine Gemeinde San Martino zieht sich in sich selbst zurück. Die Fenster werden verdunkelt, die Türen verriegelt.

Das Dorf schaut vorsichtig und verwundert auf das Mädchen mit der Polizeieskorte.

Die Polizeieskorte

Kristallgläser im Laderaum eines Schiffes. So leben wir bei uns zu Hause. Wie Kristallgläser. Verschnürt und bebend. Eng nebeneinander. Wir sind jedem Schwanken der Wellen ausgesetzt.

Die *Avvocatessa* hat bis zuletzt versucht, mich zu überreden, aber sie hat auch immer wieder gesagt, es wäre meine Entscheidung. Ich habe das Schutzprogramm abgelehnt. Der Kommandant der Carabinieristation von San Martino hat mir geholfen, eine Anzeige wegen Stalkings gegen meine Nachbarn zu stellen, die mir drohen, gegen jeden, der mich aus meinem Dorf vertreiben will. Und Rosalba hat mir erklärt, dass dies ein neues Gesetz zum Schutz von Frauen und ganz allgemein von jedem ist, der unter hartnäckigen Drohungen zu leiden hat. Ich bin der erste Fall in Italien, dem der Staat ein solches Schutzprogramm anbietet. Und da denke ich: Ich muss wirklich Angst haben.

Ich setze mich aufs Bett und schreibe.

Ich schreibe dem Staatspräsidenten, den Carabinieri, dem Richter am Gerichtshof von Palmi. Ich bitte darum, dass man mir und meiner Familie hilft, weil wir San Martino nicht verlassen wollen. Es ist unser Recht, in dem Dorf zu bleiben, in dem wir geboren wurden.

Ich bitte darum, dass man uns hier, in unserem Dorf hilft.

In Kalabrien. Ich habe Anzeige gestellt. Sie haben mich angehört. Jetzt dürfen sie mich nicht im Stich lassen.

Ich schreibe. Der Entschluss des Polizeipräsidenten, sechs Personen zu verwarnen, alles Verwandte von denen, die inzwischen auch von den Zeitungen »Die Rotte« genannt werden, war ein wichtiger Schritt, ein Präzedenzfall. Wenn sie mich jetzt bedrohen und ich sie anzeige, können sie sogar verhaftet werden. Wieder hat der Staat reagiert.

Und doch habe ich immer noch Angst. Und doch zittern nachts in unserer Wohnung die Türen und klingelt das Telefon.

Mein Leben und das meiner Familie ist in Gefahr.

Es ist Ende Februar. Die Carabinieri haben mich dringend einbestellt. Ich gehe in die Kaserne von Taurianova; seit einiger Zeit haben sie dort einen neuen Kommandanten. Er ist noch sehr jung, kommt aus dem Norden, aus der Emilia, aber er kennt Kalabrien gut. Er ist immer ernst und sehr förmlich, doch er nimmt sich meines Falles sofort an. Ich mag ihn auf Anhieb.

»Anna Maria, die Carabinieri werden dich niemals im Stich lassen.«

Als er mir das sagt, denke ich, das klingt wie ein Satz aus einem Film. Aber ich weiß, dass es wahr ist. Ich weiß, dass es so sein wird.

Ich bleibe nur wenige Minuten im Büro des Capitanos und habe ein wenig Herzklopfen.

»Es wurde beschlossen, dir und deiner Familie Begleitschutz zur Seite zu stellen. Ich werde mich persönlich darum kümmern.«

Hinter dem Holzschreibtisch im Büro des Capitanos stehen Regale mit Büchern und Rahmen mit Fotos von Männern in Uniformen und silberne Wappen. Ich kann sie auf die Entfernung nicht gut erkennen. Und vor Aufregung bin ich nicht einmal in der Lage, ihm in die Augen zu schauen.

»Was heißt das, Begleitschutz?«, frage ich den Capitano, sehe dabei aber den Carabiniere an, der neben ihm steht.

Also erklärt es mir der Tenente. Ebenfalls ein Offizier der Armee. Auch er ist ernst, aber nicht so ernst wie der Capitano. Und als er anfängt, entspanne ich mich glücklicherweise etwas.

»Anna Maria, von nun an wird immer ein gepanzertes Fahrzeug mit zwei Carabinieri über dich und deine Familie wachen. Jedes Mal, wenn ihr das Haus verlassen wollt, müsst ihr uns das mitteilen, und dann kommen sie mit euch. Nachts dürft ihr das Haus aber nicht mehr verlassen. Ich gebe dir meine Handynummer, ruf mich an, egal, was es gibt. Du wirst sehen, es wird alles gut. Das wird bald vorübergehen. Du bist nicht mehr allein. Du bist so tapfer gewesen.«

Ich glaube ihm.

Seit Februar 2010 lebe ich unter Polizeischutz, habe ständig eine Polizeieskorte.

Das Dorf

Das Dorf setzt sich in Bewegung. Man hört Schritte. Schnelle Schritte, kleine Schritte, schlurfende Schritte und entschlossene Schritte. Keiner sagt ein Wort. Dazu gibt es keinen Anlass, und niemand möchte das.

Das Dorf geht auf die Straße. Es ist Sonntag, der 7. März 2010. Tausend Menschen, mehr als die Hälfte der Einwohner von San Martino di Taurianova, ziehen mit Fackeln in den Händen durch die Straßen. Ein Spruchband wird an der Spitze des Zuges getragen: »Nein zur Gewalt«. Aber es gibt noch eine zweiten Parole: »Nein zur Kriminalisierung des Dorfes«.

Anna Maria ist zu Hause. Sie ist nicht auf der Straße. Auch ihre Familie ist zu Hause geblieben.

Der Fackelzug ist für sie. Aber sie ist nicht dabei.

Der Fackelzug ist für das Dorf.

Im Fernsehen hat man über San Martino berichtet. In den kleinen Ort in der Ebene von Gioia Tauro sind Journalisten aus Rom und Turin gekommen. Mit TV-Kameras und ihren Fernsehteams, um die Geschichte von dem Mädchen zu erzählen, das von einer Polizeieskorte beschützt wird, von dem ganzen Dorf, das des Stalkings bezichtigt wird. »Der erste Fall in Italien«, wiederholen die Titelseiten der Zeitungen.

Aber das Dorf? Das Dorf wehrt sich jetzt. »Wir sind nicht alle Vergewaltiger … Wir verurteilen Gewalt, um Gottes willen, aber durch Anna Marias Anzeige sind wir alle da mit hineingezogen worden, und es ist genauso falsch, ein ganzes Dorf zu verurteilen.«

Aber was hat das Dorf getan?

Das Dorf geht mit Fackeln in der Hand auf die Straße und lässt Anna Maria zu Hause.

Mit denselben Waffen

Ich habe Begleitschutz, aber ich verlasse das Haus nicht. Ich habe keinen Grund, es zu verlassen. Ich habe keine Freunde. Ich habe keine Arbeit. Warum sollte ich also nach draußen gehen? Ab und zu denke ich ans Meer. Ich würde gern mal ans Meer fahren, der Sommer steht vor der Tür. Aber bei meiner Figur ... ich habe zugenommen. Zwanzig oder dreißig Kilo, ich achte nicht einmal mehr darauf. Die Ärzte sagen, die Ursache dafür ist der Stress. Ich mag meinen Körper nicht mehr sehen, riechen, fühlen. Deshalb behandle ich ihn schlecht. Ich ignoriere ihn. Und ich demütige ihn auch.

Und so vergeht mir auch bald wieder die Lust, ans Meer zu gehen.

Journalisten sind gekommen. Einer von *Chi l'ha visto*, dieser Sendung, in der es um vermisste Personen und Verbrechensfälle geht. Ich habe mich mit ihm getroffen, aber ich wollte nicht vor die Kamera. Ab und zu gehe ich am Nachmittag zu meiner Anwältin Rosalba, um mit Ugo zu spielen. Oder ich fahre zu meiner Tante Tiziana nach Taurianova.

Auch wenn ich raus will, verlaufen meine kleinen Fluchten immer entlang derselben Strecke San Martino – Taurianova und zurück.

Die Carabinieri vom Begleitschutz sind ständig hier. Ich sehe das Dach ihres Wagens von meinem Fenster aus. Es sind immer wieder andere. Freundliche junge Männer. Einige wissen, warum ich in Gefahr bin, andere nicht. Keiner stellt Fragen. Meine Mutter kocht manchmal für sie mit.

Soll es wirklich so enden?

Waren *die* wirklich meine einzigen Freunde? Ich rede von denen, denen aus der Rotte. Denn jetzt, wo ich eigentlich frei sein sollte, bin ich isoliert, ich lebe zu Hause eingeschlossen, abgestempelt, ohne Urteilsspruch verurteilt.

Jetzt, wo alle die Wahrheit kennen, ist es noch schlimmer. Als hätte ich einen Fehler gemacht.

Und dann, wenn auch nur einen Moment lang, frage ich mich: Was war besser? Die Antwort ist immer dieselbe, und sie kommt sofort: So ist es besser, jetzt ist es besser. Ich leide, meine ganze Familie leidet, aber es ist immer noch besser. Das Gefängnis zu Hause ist immer noch besser als das Haus auf dem Land, ihre Körper, die Angst. Auch jetzt habe ich Angst, aber damals musste ich sie schweigend herunterschlucken, zwischen der Erde draußen in den Feldern und dem Dreck der Matten in ihren Wagen.

Gegen die Angst von heute kann ich ganz offen angehen. Wir kämpfen mit den gleichen Waffen - oder doch fast.

Ich lade Musik auf mein Handy. Ich schaue fern. Ich habe keine Lust, irgendetwas zu tun. Ich höre die Songs auf meinem Mobiltelefon. Oder besser gesagt, ich höre immer wieder den einen Song:

Non basterà Settembre per dimenticare il mare,
le cose, che ci siamo detti.
Non siamo quegli amori che consumano l'estate,
che promettono una mezza verità …

Der September reicht nicht, um das Meer zu vergessen,
   all die Dinge, was wir uns gesagt haben.
   Wir gehören nicht zu den Liebenden, die sich mit dem
Sommer verzehren, die eine Halbwahrheit versprechen …

… Ich fühle, wie ich wie eine Puppe an Fäden mitten durch
ein Gewitter laufe.
   Ich warte darauf, dass du kommst, um mich zu retten …

Das Dorf

Der Demonstrationszug schreit: »Nein zur Gewalt.« Er sucht
das Gespräch, Solidarität, christliche Barmherzigkeit. Aber
der Zug bezieht keine Stellung, er verteidigt nicht, er tritt für
niemanden ein, er verlangt nicht nach der Wahrheit.
   Das Dorf fordert Frieden, Ruhe, fordert, dass alles bald
vergessen sei.
   Das Dorf fühlt sich beleidigt und tuschelt.
   »An dem, was sie sagt, ist sicher was Wahres dran. Aber sie
sagt nicht alles«, meint die erste Stimme.
   »Das geht uns nichts an, die Dinge sind nun einmal so gelaufen. Ich gehe meinen eigenen Weg«, fällt die zweite Stimme
ein.
   »Und dann soll sie aufhören, sich zu beklagen und behaup-

ten, dass wir gegen sie wären. Sie spielt das Opfer. Jetzt nutzt sie das aus. Dabei tut ihr keiner was. Keiner fasst sie an. Jetzt sind die Carabinieri für sie da. Wenn wir ihr etwas hätten antun wollen, hätten wir das früher gemacht ... gleich danach«, die dritte.

»Unsere Gemeinde wurde beleidigt, abgestempelt, diffamiert«, wiederholt der ganze Chor.

Zischende Stimmen.

Ich bin Malanova

Ich schaue mich nie im Spiegel an. Ich kann meinen Körper nicht ansehen. Viele Jahre lang hat er nicht mir gehört, sondern denen. Die haben ihn benutzt. Anfangs habe ich mich noch gewehrt. All die anderen Male habe ich in meinem selbst errichteten Panzer Schutz gefunden. Sie konnten meinen Körper nehmen, aber ich bin geflüchtet, immer, jedes Mal. Ich bin hinter meinen Blick geflüchtet, dorthin, wo sie mich nicht finden konnten. Ich bin so weit weg geflüchtet, dass ich mich selbst verloren habe.

Und irgendwann konnte ich nicht mehr aus dieser Hülle heraus, die ich mir selbst geschaffen hatte. Vor mir sah ich nur eine Straße aus Glas und Scherben, und ich hatte keine Schuhe, um darauf zu gehen, war schutzlos, barfuß. Wohin hätte ich schon gehen können? So viele Jahre lang war ich einfach wie erstarrt und habe es erduldet. Und als ich mir meinen Körper wieder zurückgeholt hatte, lehnte ich ihn ab. Ich fand mich auf einmal in einer Hülle vor, in der ich mich nicht mehr wiedererkannte. Deshalb kann ich mich nicht im Spiegel ansehen.

In dieser Geschichte fehlen zwei Dinge: mein Körper und ihre Gesichter. Obwohl ich es so oft versucht habe, bin ich nicht in der Lage, sie zu beschreiben. In der Nacht träume ich häufig von ihnen. Aber ich träume nicht von ihren Gesichtern, sondern vom Geruch der Erde, der Orangen, vom Geruch nach Schweiß und Zigaretten. Ich träume von ihren Stimmen, ihren schwieligen Händen, den rauen Bartstoppeln. Ihrer Haut, die mir den Atem raubt. Die Gesichter sind unwichtig. Es sind Männer wie viele andere auch. Die einen mit Brille, andere mit Glatze, mal mit Locken oder Bart, manche schauen mich nie an, andere haben große Zähne oder trockene Lippen.

Manche Leute wehren sich aus Angst oder weil sie mutig sind. Andere holen sich ihr Leben wieder zurück, weil sie es nicht mehr aushalten, weil sie ganz unten angekommen sind und es Zeit ist, da wieder herauszukommen. Manche Leute haben Träume.

Ich habe meine Jugend nie gelebt. Ich habe mich verbraucht. In diesen Jahren habe ich das Zeitgefühl verloren. Alle Tage waren gnadenlos gleich und die Nächte ohne Schlaf.

Und als ich endlich gesagt habe, es reicht, habe ich das aus Liebe zu meiner Schwester getan. Für mich hatte ich keine Liebe mehr. Habe ich nie gehabt.

Das ist das Einzige, was ich mir vorwerfe.

Dass ich mich nicht genug geliebt habe.

Niemand hat mich das gelehrt, und deshalb war ich nicht in der Lage, mich selbst zu lieben.

In meinem Kopf gibt es keine Liebe für mich, da ist nichts als der schwache Nachhall ihrer Verwünschungen. Sie lassen mich nie in Ruhe. Wie die Eisfiguren der ersten Nacht. Sie lassen meine Träume vertrocknen. Schwächen meine Energie.

»Malanova.«

Dieses Wort schmerzt mich.

Für mein Dorf bin ich die Unheilsbringerin, das verfluchte Geschöpf, und wie alle schlechten Nachrichten möchte mich keiner sehen, aufnehmen, verstehen. Es ist leichter, mich auf Abstand zu halten. Als ob ich eine Giftmischerin wäre. Als ob ich ihr Jahrtausende altes Gleichgewicht zerstören könnte.

Ich hasse dieses Wort. Ich hasse es mit all meinem Selbst.

»Malanova.«

Das ist ein Fluch. Und sie haben versucht, mich das spüren zu lassen von dem Tag an, als ich die Anzeige gestellt habe. Und dann in den langen Jahren des Prozesses.

Ich bin zweimal vergewaltigt worden. Das erste Mal von der Rotte. Das zweite Mal von denen, die mich ausgegrenzt, beschimpft, bedroht haben, die mir das Gefühl gegeben haben, dass ich schmutzig bin, unzulänglich, dass etwas mit mir nicht stimmt.

Meine eigene Heimat hat mich »Malanova« genannt.

Ein Name, der mich zu einer Ausgeschlossenen, einer Ausgestoßenen macht.

»Malanova.«

So könnte ein Stern heißen. Ein Stern, der Zerstörung und Pest übers Land bringt. Ein Stern, der das Licht und das Leben in sich aufnimmt, der alles einsaugt und nichts zurücklässt.

Bei dieser Vorstellung beginne ich zu zittern.

Ganz von selbst.

Ich stelle mir einen Punkt im Universum vor und wie das Licht von einer Himmelsbiegung verschluckt wird. Mir ist kalt.

Bin ich das wirklich?

»Malanova.«

Ich möchte diese Beschimpfung loswerden. Diesen Fluch. Dieses Unheil. Ich möchte wieder frei sein.

Ich möchte lernen, mich zu lieben und an die guten Sterne

zu glauben, denen man zusieht, wie sie vom Himmel fallen, und sich dabei etwas wünscht. Und das kann ich nur auf eine Weise schaffen: Ich muss von hier weggehen, wo die, die schlecht über mich reden, immer sein werden. Muss weg von Malanova.

Und so spreche ich die erlösende Formel aus: »Ich bin Malanova für den, der mich missbraucht hat, denn ich werde nicht aufhören, sondern erst vor der Wahrheit Halt machen. Ich bin Malanova für den, der nicht an die Stärke und den Mut der Frauen glaubt. Ich bin Malanova für die Mütter und Frauen, die ihre Söhne und Männer aus Angst, Gewohnheit oder Unwissenheit verteidigen. Ich bin Malanova für all die aus meiner Gegend, die Angst davor haben, jemanden anzuzeigen, das Schweigen zu brechen, etwas zu verändern. Ich bin Malanova, weil ich die Liebe suche.«

Das Dorf

Der Platz ist menschenleer. Nur die Kirche füllt ihn aus, und ihre Silhouette scheint in der Luft zu zittern. Sie atmet langsam im ruhigen Klang der Glocken. Ein schwarz gekleideter Mann kommt aus einer Seitenstraße. Er schlurft vorwärts und schaut niemanden an. Bald ist er verschwunden. Und der Platz liegt wieder schweigend da. Gelbliches Licht erfüllt die wartende Atmosphäre.

Es kommen keine Fremden nach San Martino di Taurianova. Und keiner verlässt das Dorf.

Das Dorf ist wie erstarrt.

Epilog

Dies ist die Geschichte einer dreizehnjährigen Hure. Jetzt kennen Sie sie. Oder fast. Auf jeden Fall wissen Sie genug, um sie zu verstehen. Jetzt sind wir fast am Ende angekommen.

Wie Sie gesehen haben, spielt sich meine ganze Geschichte in diesem San Martino ab: der Platz mit der Kirche, die Eisenbahn, die Straßen des Dorfes. Ich frage mich immer wieder: Wie viele Straßen mag es in meinem Dorf geben? Fünfzig? Hundert? Mehr nicht. Das ist alles, hier zwischen den Feldern mit Mandarinen- und Olivenbäumen. Ein Dorf, das in einem rauen, unbeherrschbaren, strengen Klima entstanden ist, nur ein Haufen Häuser. Hier, wo die Sonne, die im Mai das Land überflutet, im Juli alles versengt.

Das ist Kalabrien. Ein Land der Extreme. Das Land, wo der Geist der Leute den Feldern um sie herum gleicht: Er ist hart geworden, um sich vor der Natur und den Menschen zu schützen.

Das Land des Windes und des Schweigens.

Das Land der Ehre. Aber was bedeutet Ehre? Es bedeutet verletzte Ehre. Doch wenn es sich um die Ehre einer Frau handelt, zählt sie nicht viel. Mehr zählt die Ehre der Familie, die es zu verteidigen gilt. Und noch mehr zählt die Ehre des Dorfes. Und das Schweigen.

Ich fühle mich schuldig gegenüber meiner Familie, weil sie

jetzt so ein Leben führen muss. Aber ich würde alles noch einmal genauso machen, seit dem Tag, an dem ich alles angezeigt habe.

Ich ertrage es nicht, meinen Vater arbeitslos zu Hause sitzen zu sehen, wie er meinem Blick ausweicht. Ich versuche, meine Mutter nicht anzusehen, die sich nicht mit ihm streiten will und versucht, mich zu beschützen. Es tut mir in der Seele weh, wenn ich meine Schwester streichle und weiß, dass sie so gerne einen Verlobten hätte wie jedes Mädchen in ihrem Alter und stattdessen gezwungen ist, immer zu Hause zu bleiben.

Die Drohungen haben 2002 angefangen, direkt nach der ersten Anzeige. Acht Jahre der Angst und der Ausgrenzung.

Am Anfang habe ich tatsächlich gedacht, ich hätte etwas falsch gemacht. Aber so ist das nicht. Und sie werden es niemals schaffen, mir das einzureden.

An meiner Seite sind die *Avvocatessa* Rosalba und die Carabinieri. Ich habe drei Prozesse durchgestanden. Nein, sogar vier. Vielleicht beginnt jetzt sogar der fünfte, wenn die in Berufung gehen.

Ich habe das Schutzprogramm abgelehnt, und seit drei Monaten lebe ich unter Begleitschutz. Ich weiß nicht, wie lange das so gehen wird. Es ist nicht einfach, mit einer Polizeieskorte zu leben. Es ist nicht einfach, immer alles anzukündigen, zu erklären, zu begründen, immer und trotz allem.

Ich bewege mich in dieser Wohnung. Da ist mein Bett. Das meiner Schwester. Die Küche. Der Ofen. Das kleine Bad. Der Hof. Die Hundehütte. Wieder mein Bett.

Ich bin nichts als Vergangenheit. Jetzt bin ich erschöpft. Ich möchte endlich eine Zukunft haben. Ich bin vierundzwanzig. Ich möchte mir einen Computer kaufen und lernen, wie man im Internet surft. Ich möchte mir ein kleines Auto kaufen, es kann ruhig gebraucht sein, und mir eine Arbeit suchen, in Taurianova, vielleicht auch in Gioia Tauro oder sogar in Reggio Calabria.

Wenn ich eine Stelle gefunden habe und ein Gehalt bekomme, kann ich mir eine eigene Wohnung suchen, und meine Schwester kann bei mir wohnen. Wenn mein Vater und meine Mutter in San Martino bleiben wollen, na gut, Hauptsache, sie kommt mit mir.

* * *

Ich sehe das Foto des Carabiniere aus meinem Portemonnaie an, das ich aus der Zeitung ausgeschnitten habe. Und ich hoffe, dass ich es bald durch ein echtes Foto ersetzen kann.

Alle sagen mir, ich sei mutig gewesen. So viele Reporter sind zu mir nach Hause gekommen, und ich war auch im Fernsehen. Ich weiß nur, dass ich, das Püppchen, viel zu früh aufgehört habe, mit Puppen und Stofftieren zu spielen, dass ich niemals eine Kindheit hatte.

Jetzt will ich eine Frau sein. Das sollen sie mir nicht auch noch nehmen.

Ich muss immer wieder über die Worte des Vorsitzenden des ersten Gerichts nachdenken: »Haben Sie sich niemals einem Mann hingegeben mit all der Lust, mit der man sich hingeben kann?«

Ich weiß nicht genau, was das bedeutet, aber im Grunde bin ich noch Jungfrau. Ich habe nie gefühlt, was Liebe bedeutet. Davon träume ich jetzt. Ich träume davon, eine Frau zu sein und keine Angst mehr zu haben.

Raus aus dem Dorf

Es ist im Frühling 2010. Nach einer Woche voller Regen scheint jetzt die Sonne. Die erste Sonne im Mai. Anna verlässt die Wohnung. Sie sagt der Eskorte Bescheid.

»Los, Jungs, gehen wir.« Sie zieht dunkle Jeans und ein blaues T-Shirt an.

»Wohin fahren wir? Wir müssen dem *Comandante* Bescheid geben. Gehen nur Sie aus dem Haus? Wie lange werden wir weg sein?«, fragt der Brigadiere. Ein dünner junger Mann; er ist zum zweiten Mal im Einsatz bei Anna Maria. Und sehr gewissenhaft.

»Ja. Ich gehe allein aus«, sagt Anna ohne weitere Erklärungen, und dann steigt sie in den Wagen.

Der Carabiniere am Steuer lässt den Motor an.

»Ich weiß nicht, wie lange wir fortbleiben werden.«

»Wohin fahren wir?«, fragt sie der dürre Carabiniere.

»Heute fahren wir ans Meer.«

Anna Maria läuft die Strandpromenade von Palmi entlang. Es ist Frühling, aber es ist noch ziemlich kühl. Hinter ihr sind die beiden Männer, zwei Schatten, nie zu nah, nie zu weit weg.

Anna Maria bleibt stehen. Das Wasser hat ihre Schuhe durchnässt. Sie zieht sie aus. Sie läuft über den Strand und spielt mit den Wellen. Die Carabinieri sind stehen geblieben. Sie warten auf sie am Ende des Strandes.

Heute will Anna Maria nicht über die Drohungen nachdenken, über die Angst, über ihr Zuhause, das für sie zu einem Gefängnis geworden ist. Über ihr Dorf. Michele Iannello ist vor ein paar Tagen aus dem Gefängnis entlassen worden. Er hat seine Strafe verbüßt. Alles kehrt wieder zur Normalität zurück. Und San Martino will bloß noch vergessen.

Die werden wieder zu Ehemännern, Verlobten, Vätern, Brüdern.

Und Anna?

Seit Monaten fragt sie sich: Was soll ich jetzt tun?

Sie weiß es nicht. Es ist alles noch so verworren. Sie hat ihre Peiniger angezeigt, um sich ihre Freiheit zurückzuerobern, aber sie ist nicht frei. Sie hat Mut gehabt. Man hat ihr geglaubt. Aber das war nicht genug. Denn sie ist immer noch allein.

Anna ist eine Kämpferin. Jetzt ist der schwierigste Moment der Auseinandersetzung gekommen.

In den drei Jahren, in denen sie kein Kind sein durfte, in denen *die* sich ihr Leben genommen haben, hat sie große Stärke bewiesen und hat es so geschafft, zu überleben. Jetzt muss sie diese Stärke einsetzen, um zu leben.

Manche Geschichten müssen erzählt werden, obwohl sie wehtun. Keiner möchte sie gern lesen. Aber sie werden dennoch geschrieben, weil keiner sie durchleben sollte.

Anna Maria möchte in ihrem Dorf bleiben, bei ihrer Familie, unter dem Himmel Kalabriens.

Diese kleine Frau hat ihre Geschichte erzählt, weil sie keinen Moment aufgehört hat, an sich und ihre Heimat zu glauben.

✻ ✻ ✻

Anna Maria läuft über den Sand, dorthin, wo das Land ins Meer übergeht, in den Sonnenuntergang hinein. Vor und zurück. Als der Himmel den letzten Sonnenstrahl verschluckt, bleibt sie stehen. Sie säubert sich ihre Füße und zieht die Schuhe wieder an.

Die Carabinieri der Eskorte sind direkt hinter ihr.

»Vielen Dank. Wir können gehen.«

»Fahren wir nach Hause zurück?«, fragt der junge Carabiniere.

Anna lächelt.

»Ja. Aber um wirklich nach Hause zurückzukehren, muss ich jetzt fortgehen. Es ist an der Zeit.«

Der Carabiniere versteht nichts, aber er steigt zu seinem Kollegen in den Wagen. Kurz darauf kommt auch Anna Maria. Es ist Abend geworden. Sie fahren los, Richtung San Martino di Taurianova.

Anna versucht, trotz der Dunkelheit jedes Haus, jede Straße, jedes Stück vom Himmel mit ihren Augen festzuhalten. Eins nach dem anderen reißt sie sie heraus und raubt sie mit ihren Blicken. Um sie zu bewahren. Um nicht zu vergessen. Um sicher zu sein, dass sie den Weg finden wird, wenn sie zurückkommt. Ende Juni 2010 willigt Anna Maria Scarfò ein, zu verschwinden. Acht Jahre nach der Anzeige und nach vier Prozessen haben die Drohungen nicht aufgehört.

Und zum zweiten Mal in ihrem Leben beschließt sie zu sagen: »Es reicht!«

Dieses Mal sagt sie es dem ganzen Dorf ins Gesicht.

Sie bedroht es nicht. Sie hält es nur nicht mehr aus. Sie verurteilt es nicht. Sie verlässt es. Der äußerste Akt der Rebellion und Befreiung.

Anna geht aus San Martino di Taurianova fort. Sie verlässt ihr Zuhause. Das Zimmer mit den zwei Betten. Die Stofftiere im Keller. Die Felder mit den Mandarinenbäumen. Die Eisenbahn. Den Jesus und die Madonnenstatue an den Ortsenden. Die Stickarbeit, die nie zu Ende gebracht wurde. Diana, die inzwischen groß ist, und Sissi, die auf dem Feld hinter dem Haus begraben wurde. Den neuen Hosenanzug, den sie nie angezogen hat. Sie verlässt ihre Mutter. Ihren Vater.

Sie versucht, ihre Schwester mitzunehmen. Aber es gibt »ein paar technische Schwierigkeiten«, wie man ihr sagt. Vielleicht kann ihre Schwester später nachkommen. Daher geht sie allein. Vor dem Weggehen fürchtet sie sich am meisten, weil sie von jetzt an allein sein wird, fern von allem, was vierundzwanzig Jahre lang ihr Leben, ihr Zuhause, ihre Familie war.

»Ich fliehe nicht. Ich gehe fort, um wiederzukehren ... wenn ich stärker bin. Ich gebe nicht auf«, sagt sie immer wieder zu ihrer Mutter, während der Wagen der Carabinieri im Hof auf sie wartet.

Aurora gibt ihr einen Kuss. Auf die Stirn. Ihr Ehemann steht schweigend in der Haustür. Annas Schwester hat sich in ihrem Zimmer eingeschlossen. Hinter dem Fenster kann man ihre Silhouette und den auf die Brust gesenkten Kopf sehen.

Am 15. Juli 2010 verlässt Anna Maria Scarfò San Martino di Taurianova.

Anmerkung

Dieses Buch gibt die wahre Geschichte wieder, von Anna Maria Scarfò selbst erzählt. Ihre Wahrheit, die sie vor Gericht ausgesagt hat.

Domenico Cucinotta, Michele Iannello, Domenico Iannello und Domenico Cutrupi, Serafino Trinci und Vincenzo Da Torre sind rechtskräftig verurteilt worden, sie missbraucht zu haben.

Der Prozess gegen Antonio Cutrupi, Maurizio Hanaman, Giuseppe Chirico, Fabio Piccolo, Antonio Cianci, Vincenzo Minneti ist erst in der ersten Instanz, und bis zu einem letztgültigen Urteil gelten sie als unschuldig.

Alle Drohungen aus den Kapiteln mit der Überschrift »Das Dorf« waren Gegenstand von Anzeigen durch Anna Maria oder ihre Familie bei den Carabinieri, aufgrund derer der Friedensrichter Urteile gegen die Personen ausgesprochen hat, die Anna Maria Scarfò in dieser Zeit verfolgt haben. Daraufhin hat der Polizeipräsident von Reggio Calabria gegen diejenigen, die Anna bedrohten, sechs Verwarnungen auf Grundlage des neuen Stalking-Gesetzes ausgesprochen, worauf der Staat sie mit einer Polizeieskorte beschützen musste.

San Martino di Taurianova ist nicht nur das Dorf der Rotte. Jeder Einwohner muss es mit seinem Gewissen vereinbaren, wie er in diesen elf Jahren Anna Maria Scarfò beigestanden hat.

Danksagungen

*I*ch danke allen Carabinieri, die immer über mich wachen und mir bewusst gemacht haben, was Weihnachten, ein Geburtstag, ein normales Leben ist. Sie sind meine Schutzengel. Danke an meine Eltern und an meine Schwester, die mir zur Seite gestanden haben, obwohl ihr Leben sich dadurch in einen Albtraum verwandelt hat. Und danke an die

Avvocatessa Rosalba Sciarrone.

Anna Maria Scarfò

Ich danke Annalisa Maroni, die als Erste in meinem Blog Anna Maria Scarfò erwähnt hat: Sie hat gefordert, dass diese Geschichte nicht vergessen werden dürfe; allerdings hat sie nie gedacht, dass ein Buch, dieses Buch daraus werden könnte. Danke an Rosalba Sciarrone, die mir ihre Zeit und Aufmerksamkeit geschenkt hat und mir dabei geholfen hat, Anna Maria Scarfòs Gerichtsverfahren nachzuverfolgen.

Mein besonderer Dank gilt den Carabinieri von Taurianova, zunächst für ihren täglichen Einsatz und dann für ihre Hilfsbereitschaft und ihre Unterstützung während der Arbeit an diesem Buch. Ich danke den Carabinieri der Abteilung Personenschutz von Neapel.

Vielen Dank an Anna Marias Eltern und Schwester, die mich in ihrem Haus aufgenommen haben.

Vielen Dank an Maria Paola Romeo, die sofort an Anna geglaubt hat, und an Enrico Racca. Vielen Dank an Simona Mammano, Roberto Papa und Walter Molino für die erste Lesung des Manuskripts. Dank an Caterina Dal Molin, Barbara Natali, Caterina Terribile, Patrizia Rinaldi, Federica Faina (jede von euch weiß, warum). Vielen Dank an den 11. April. Vielen Dank an Fabio Esposito (für die Fotos). Vielen Dank den Freunden von der Insel (jedem von euch gilt er ganz besonders), die mir, ohne es zu wissen, die Ruhe geschenkt haben, damit ich schreiben konnte. Und danke Clelia und Francesco: Ihnen ist das Buch gewidmet, ihnen verdanke ich alles.

Cristina Zaragia

Die Widmung auf Seite 5 entstammt Leonardo Sciascias Roman *Der Ritter und der Tod*, dt. von Peter O. Chotjewitz, Zsolnay Verlag, Wien/Darmstadt 1990, S.86

Waren Sie beeindruckt von Schmetterling *und* Taucherglocke?
Dann werden Sie dieses Buch lieben!

Martin Pistorius
ALS ICH UNSICHTBAR
WAR
Die Welt aus der Sicht
eines Jungen, der 11
Jahre als hirntot galt
Aus dem Englischen
von Axel Plantiko
344 Seiten
mit zahlreichen
Abbildungen
ISBN 978-3-404-60356-5

Als ich aufwachte, war mein Körper wie ein Gefängnis – voller Gänge, Gitter und Schlösser, die ich niemals aufbrechen könnte, um zu entkommen. Ich bin der ›ghost boy‹, der Geisterjunge. Niemand weiß, dass ich wirklich hier bin. Ich bin nichts als ein stummer Schatten.

»Locked in« – eine rätselhafte Welt der Gedanken und Fantasien, eingeschlossen in einem erstarrten Körper. Gefühlvoll und bewegend geschildert aus der Sicht eines Jungen.

Bastei Lübbe Taschenbuch

Zu verkaufen: Mariana, 15 Jahre

Iana Matei
ZU VERKAUFEN:
MARIANA, 15 JAHRE
Mein Kampf gegen
den Mädchenhandel
Aus dem
Französischen von
Monika Buchgeister
288 Seiten
ISBN 978-3-404-60281-0

»*Bist du allein, kannst du sprechen?*« »*Ja.*« »*Ich habe gehört, du brauchst Hilfe, stimmt das?*« »*Ich weiß nicht …*« »*Hast du Angst?*« »*Ja, sehr.*« »*Ok. Ich hole dich da raus.*«

Mariana ist 15 Jahre alt und Sexsklavin, gefangen in einem entsetzlichen Gefängnis aus Angst und Gewalt. Sie ist eine von Tausenden junger Osteuropäerinnen, die Jahr für Jahr in den Westen geschleust und zur Prostitution gezwungen werden. Iana Matei will Mariana retten. Wie schon so viele Mädchen, die sie gerettet hat. Iana Matei erzählt ihre Geschichten. Grausame, unvorstellbare Schicksale, die niemand unberührt lassen.

Bastei Lübbe Taschenbuch

Werden Sie Teil der Bastei Lübbe Familie

- Lernen Sie Autoren, Verlagsmitarbeiter und andere Leser/innen kennen
- Lesen, hören und rezensieren Sie Bücher und Hörbücher noch vor Erscheinen
- Nehmen Sie an exklusiven Verlosungen teil und gewinnen Sie Buchpakete, signierte Exemplare oder ein Meet & Greet mit unseren Autoren

Willkommen in unserer Welt:

 www.luebbe.de

 www.facebook.com/BasteiLuebbe

twitter www.twitter.com/bastei_luebbe

 www.youtube.com/BasteiLuebbe